Collection Idées-jeux

Initiation à l'origami

Junko Hirota

FLEURUS
www.editionsfleurus.com

Photographies : Bertrand Mussotte
Infographies : Junko Hirota
Direction éditoriale : Christophe Savouré
Édition : Valérie Monnet
Contribution rédactionnelle : Olivier Viet
Direction artistique : Laurent Quellet
Suivi artistique : Catherine Enault
Conception et réalisation graphique : Sophie Cluzel
Fabrication : Florence Bellot

15/27, rue Moussorgski, 75895 Paris Cedex 18
Dépôt légal : juin 2005
ISBN 10 : 2-215-07743-3
ISBN 13 : 978-2-215-07743-5
2e édition - n° 92617 - septembre 2006

Photogravure : SOSG - Rouen
Imprimé en Italie par Deaprinting

Loi n° 49-956 du 16 juillet 1949 pour les publications destinées à la jeunesse.

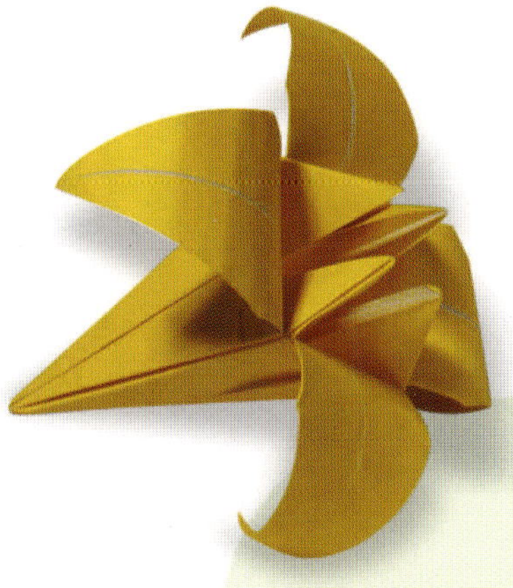

Sommaire

* très facile, ** facile, *** ça se complique

Introduction

Né en Chine il y a très longtemps, le pliage de papier est devenu un art au Japon, où il a pris le nom d'origami qui vient de *ori* (plier) et *kami* (papier). De nos jours, cette discipline créative séduit tout autant les enfants que les adultes du monde entier, passionnés ou simples curieux.

Avant de te lancer, familiarise-toi avec le langage de l'origami : il te sera utile pour comprendre les différents plis et réaliser les modèles avec précision. Si tu débutes, entraîne-toi à effectuer les plis et les formes de base. Tu découvriras rapidement tout ce que l'on peut obtenir à partir de ces bases.

Pour commencer, utilise du papier ordinaire (type papier kraft, papier pour machine ou photocopieur, papier cadeau). Le papier doit être à la fois souple, fin et résistant pour garder les plis sans se déchirer. Les modèles sont, la plupart du temps, réalisés à partir d'un format carré d'environ 15 x 15 cm. Dès que tu auras progressé, tu pourras utiliser du véritable papier pour origami, déjà découpé en carré, que tu trouveras en papeterie ou dans les magasins de loisirs créatifs. Il en existe un grand choix : uni, à motifs, double face, etc.

Ensuite, installe-toi sur une surface bien plane et commence à plier. Suis bien les étapes dans l'ordre et avec attention. Ne saute pas d'étape.
Plusieurs essais seront parfois nécessaires avant de réaliser un pliage. Ne te décourage surtout pas, on ne réussit pas forcément du premier coup !
Plie très soigneusement le papier, des décalages de quelques millimètres au départ peuvent s'avérer désastreux à la fin d'un pliage.
Pour réaliser des plis précis, écrase-les avec l'ongle du pouce. Les étapes suivantes n'en seront que plus faciles. Plus un pli est effectué avec précision, plus le résultat final sera beau.

Ne perds surtout pas patience et prends ton temps ! Si tu rencontres des difficultés, déplie, reviens en arrière et tente de comprendre à quel moment du pliage un faux pas a pu se produire. Avec un peu d'entraînement, tu pourras réaliser un grand nombre de pliages « les yeux fermés ».

Un dernier conseil : commence par les modèles les plus faciles (le niveau de difficulté est indiqué dans le sommaire) afin de bien mémoriser les techniques de base.

Les symboles de l'origami

Le pli vallée : il est représenté par une série de tirets et est accompagné d'une flèche à pointe noire.

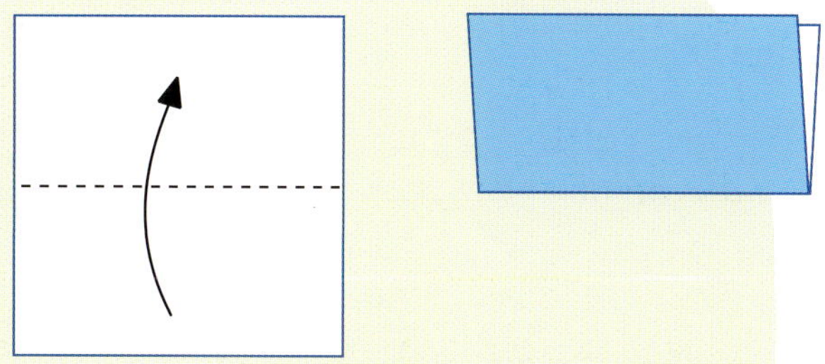

Le pli montagne : il est représenté par une série de points et de tirets alternés et est accompagné d'une flèche à demi-pointe blanche.

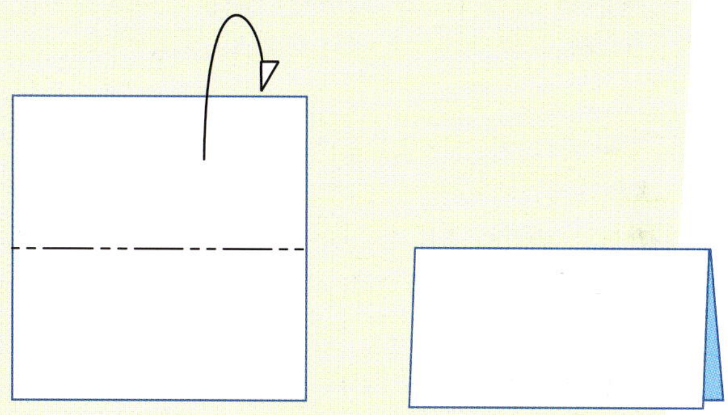

La flèche de marquage d'un pli : elle indique qu'il faut marquer un pli, c'est-à-dire plier, puis déplier.

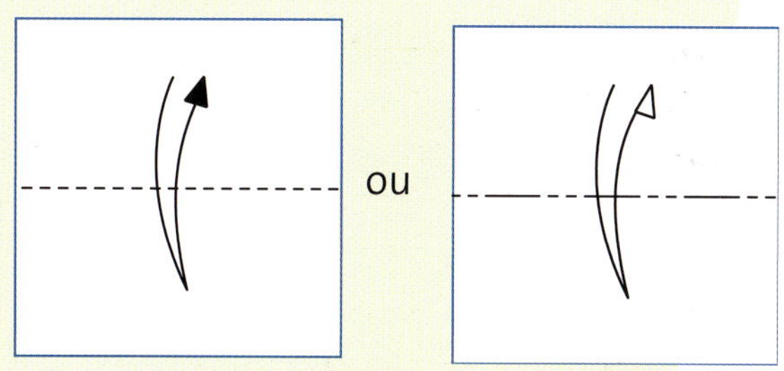

La flèche de dépliage : elle indique que l'on déplie tout ou une partie du modèle. Le trait fin continu indique la marque d'un pli.

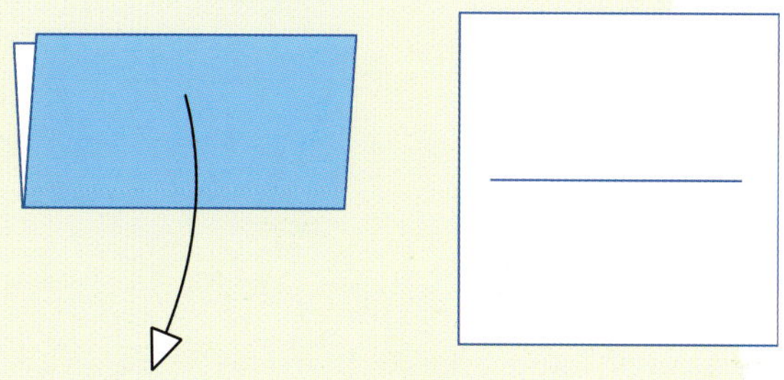

La flèche de retournement : elle indique qu'il faut retourner le modèle.

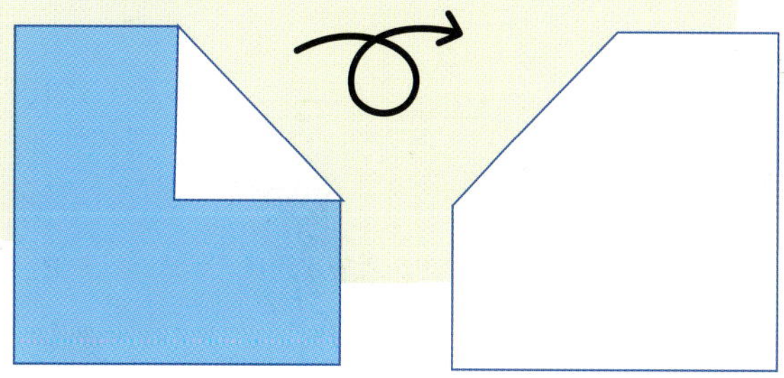

La flèche d'ouverture : elle indique qu'il faut ouvrir en écartant deux épaisseurs de papier.

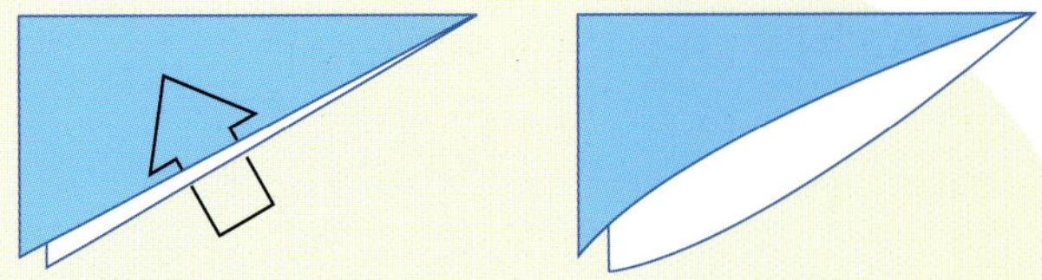

La flèche d'enfoncement : elle indique qu'il faut pousser, enfoncer le papier.

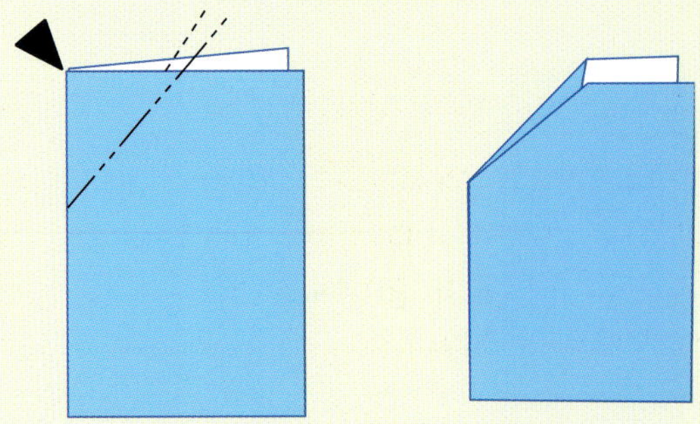

La flèche de traction : elle indique qu'il faut tirer sur une partie du modèle pour changer son orientation.

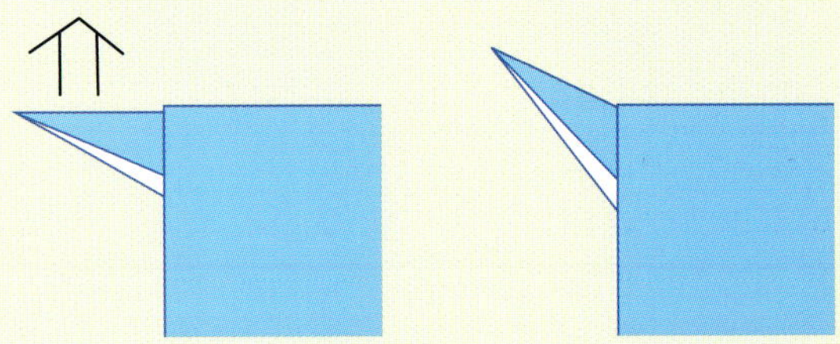

La flèche d'agrandissement : elle indique un changement d'échelle. Parfois, seule une partie du modèle est représentée en vue grossie.

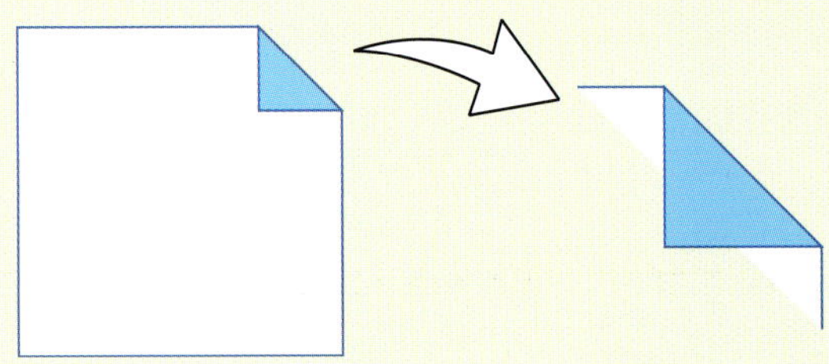

La flèche de gonflage : elle indique qu'il faut souffler pour gonfler le modèle.

La paire de ciseaux : elle indique qu'il faut découper.

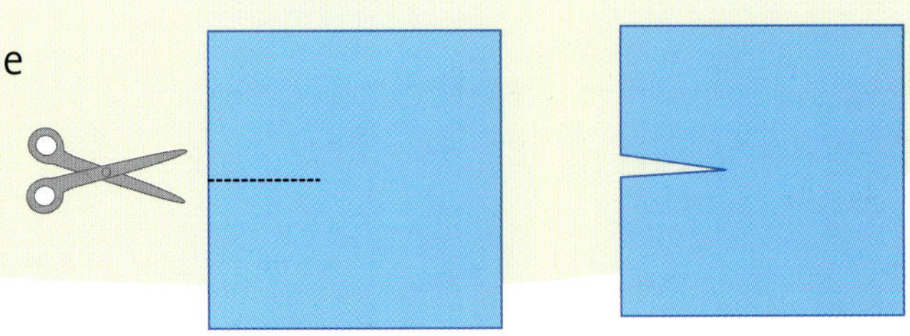

La flèche de repli : elle indique qu'il faut effectuer un pli vallée et un pli montagne (repli).

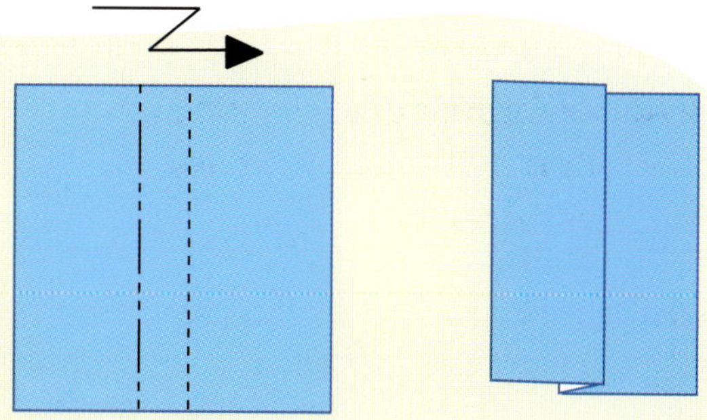

La flèche de plis successifs : elle indique que l'on effectue plusieurs plis vallée (ou montagne) les uns à la suite des autres.

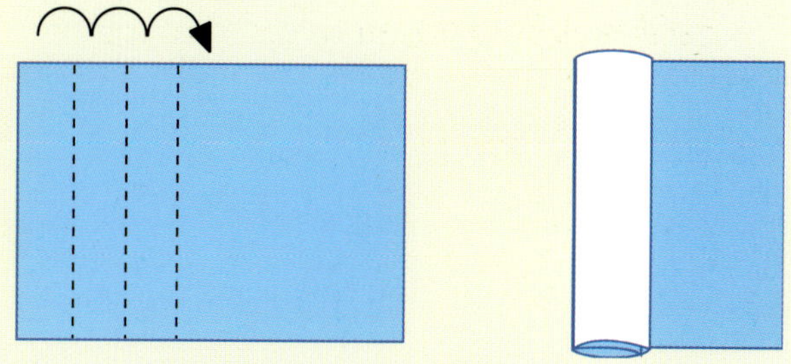

Distances égales : si des plis sont à effectuer à égales distances, on l'indique de la manière suivante .

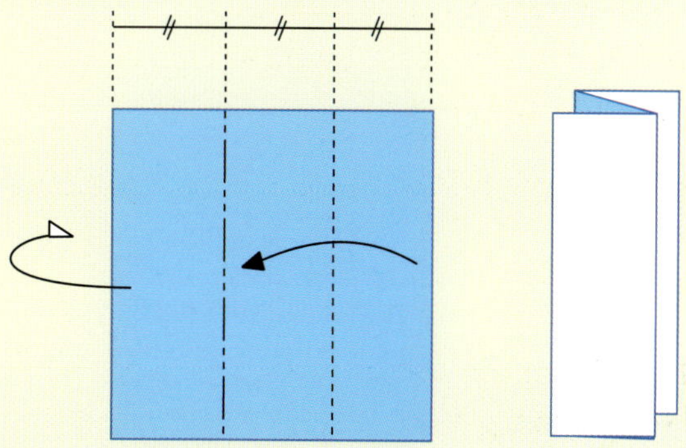

Angles égaux : si des plis sont à effectuer avec des angles égaux, on l'indique de la manière suivante.

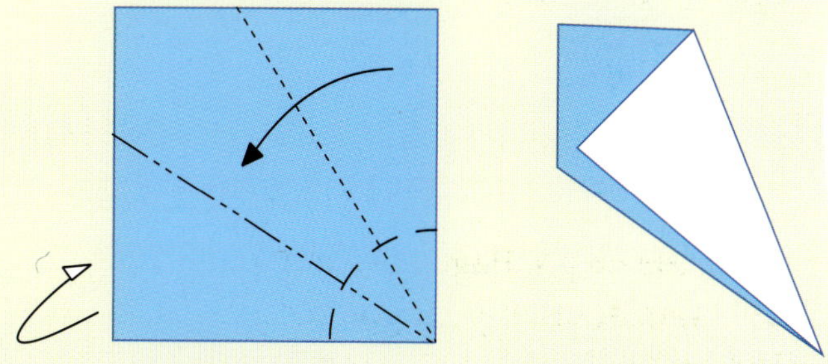

Angle droit : on utilise ce symbole dans deux cas de figure :

- pour indiquer qu'un pli doit être effectué perpendiculairement au bord du papier,

- pour indiquer que l'on plie à angle droit dans l'espace (pour faire un socle par exemple).

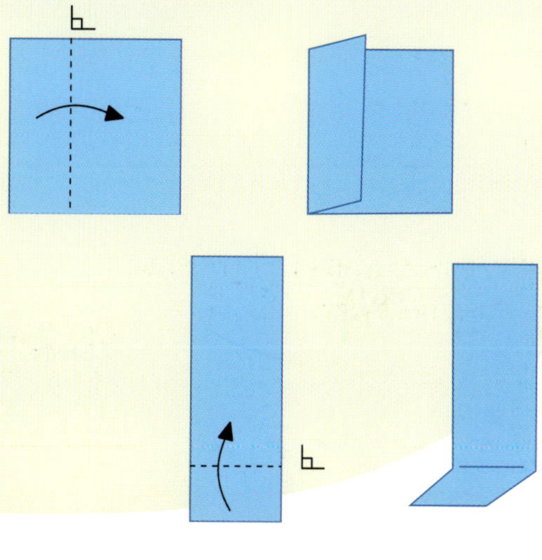

Les plis de base

Le pli inversé intérieur : il permet le changement de direction d'une pointe.

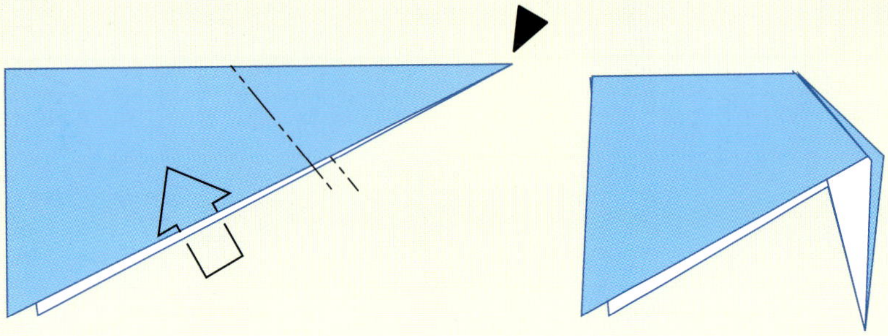

Le pli inversé extérieur : même fonction que le précédent dans le sens opposé.

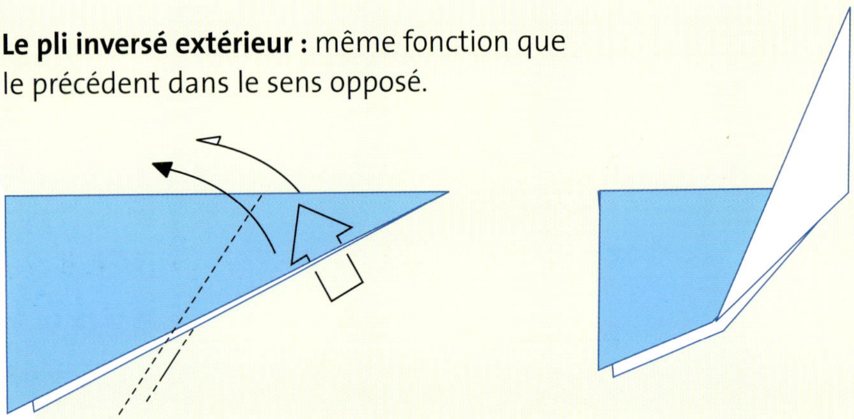

Le pli en oreille de lapin : il permet d'obtenir un volet qui peut basculer d'un côté ou de l'autre.

Les bases

La base de la bombe à eau

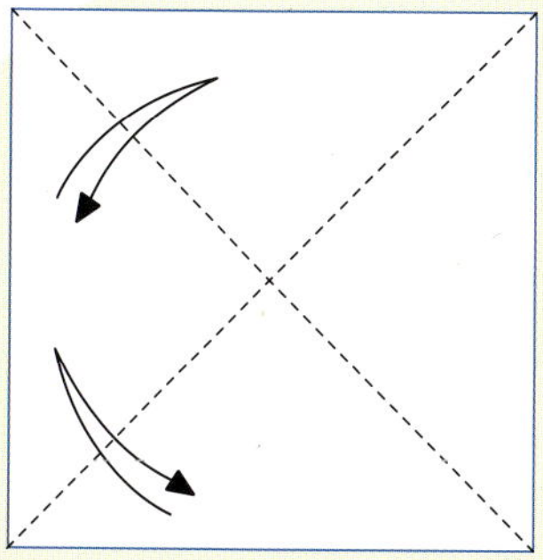

1 Marquer deux plis vallée.

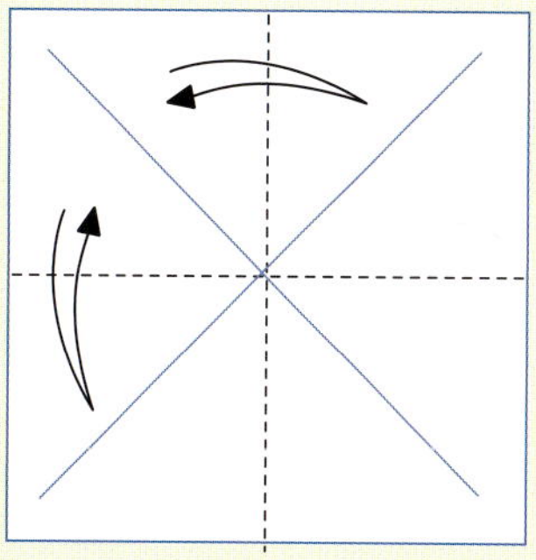

2 Marquer deux plis vallée.

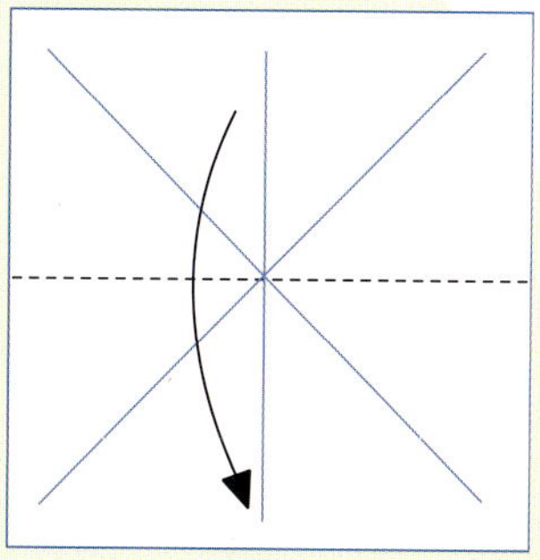

3 Plier en vallée.

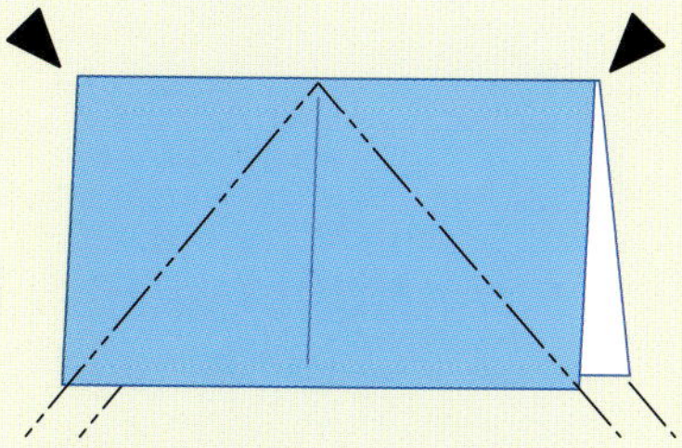

4 Effectuer deux plis inversés intérieurs.

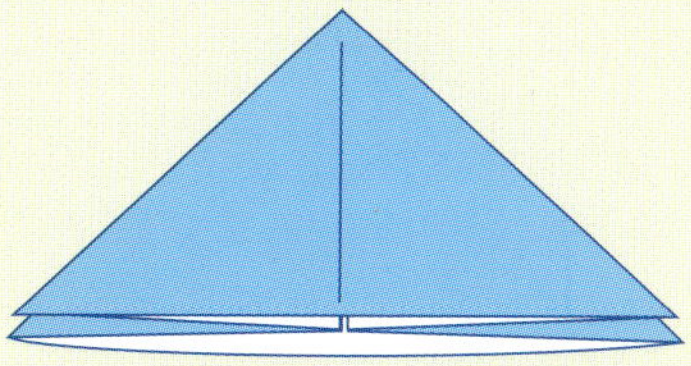

5 La base est prête.

La base préliminaire

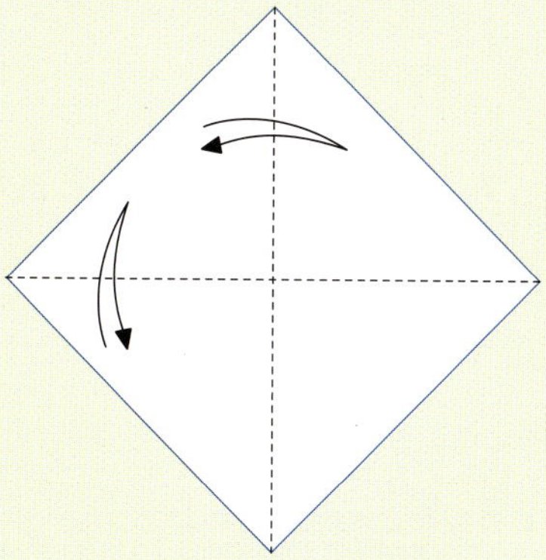

1 Marquer deux plis vallée.

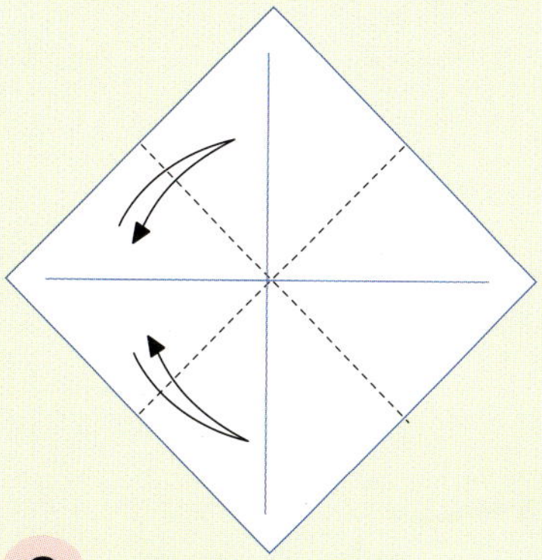

2 Marquer deux plis vallée.

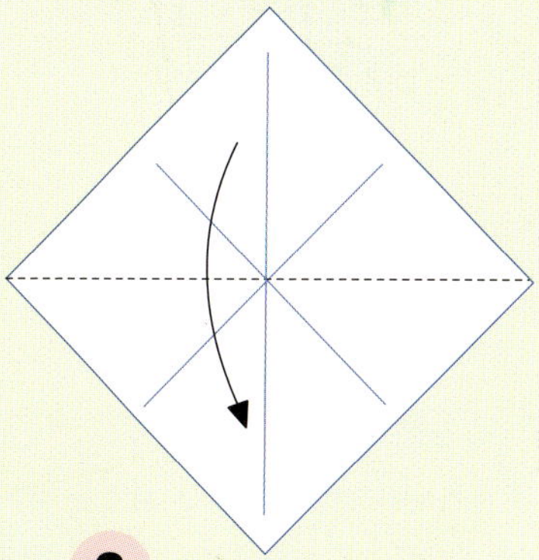

3 Plier en vallée.

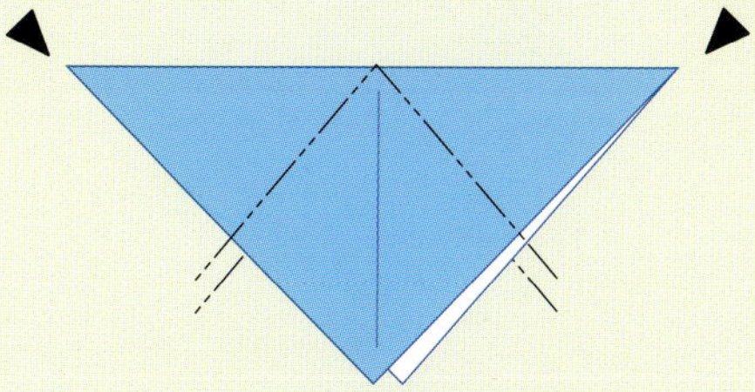

4 Effectuer deux plis inversés intérieurs.

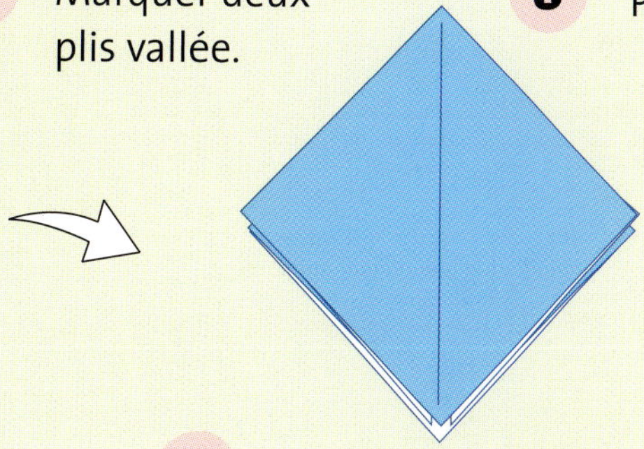

5 La base est prête.

Lucane

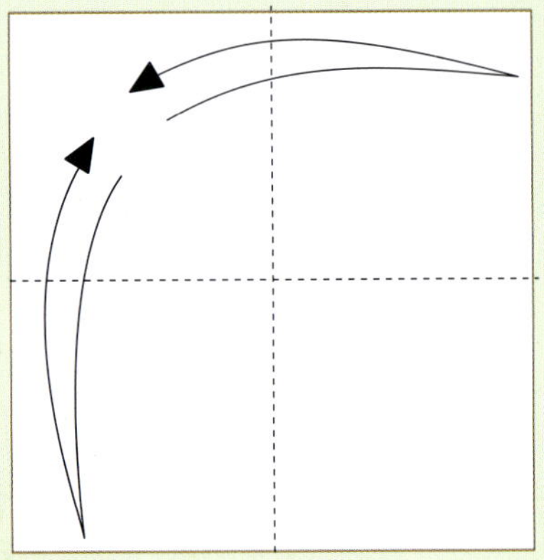

1 Marquer deux plis vallée.

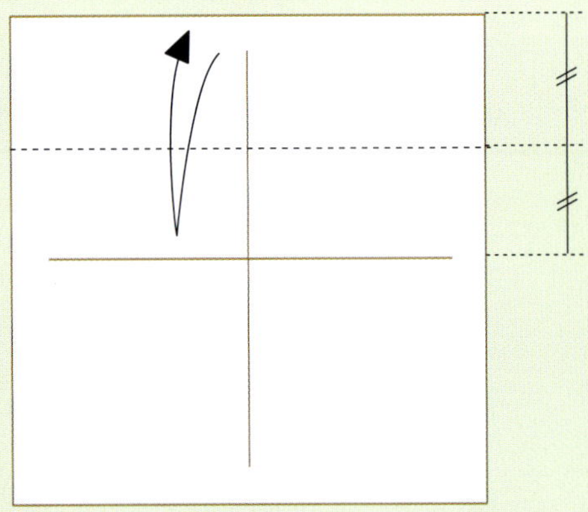

2 Marquer un pli vallée.

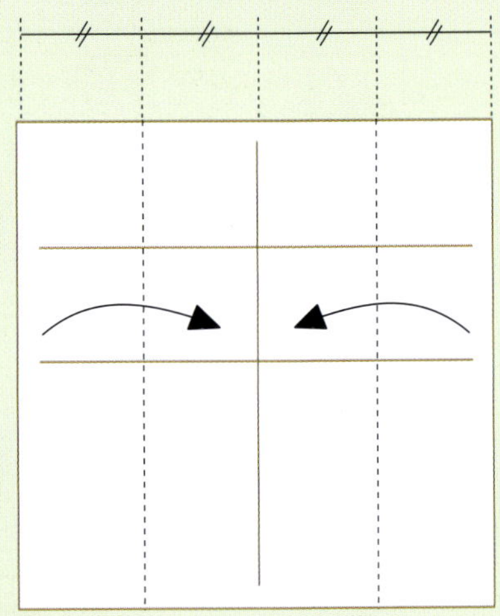

3 Plier en vallée pour amener au centre.

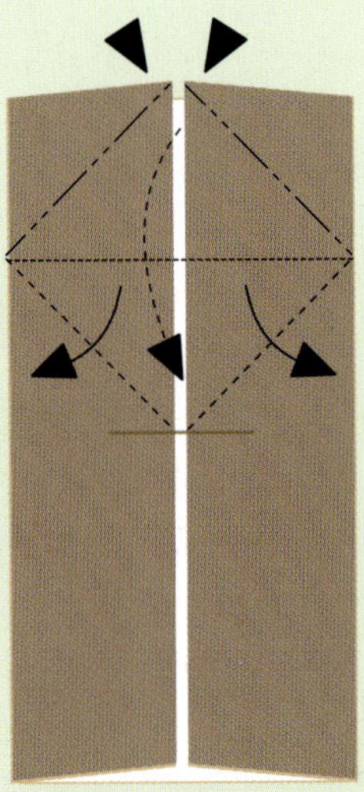

4 Plier et pousser pour amener les coins à droite et à gauche.

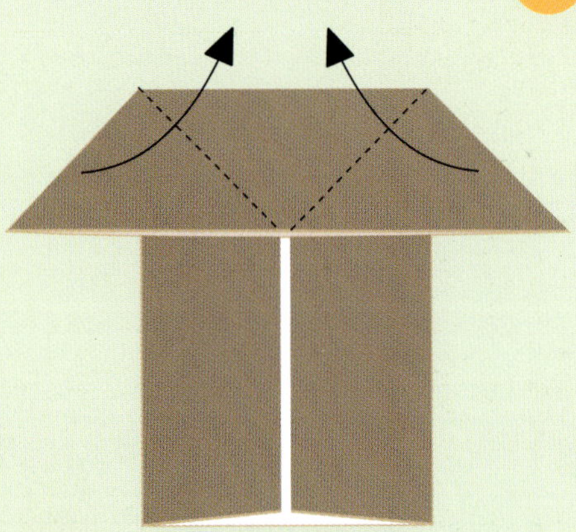

5 Plier en vallée.

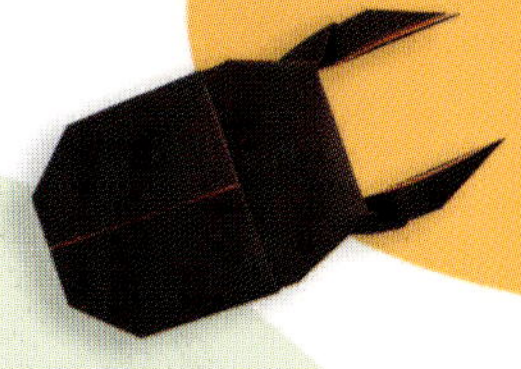

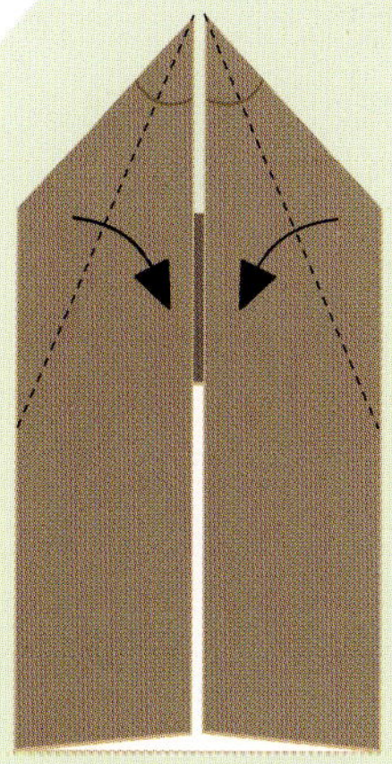

6 Plier en vallée.

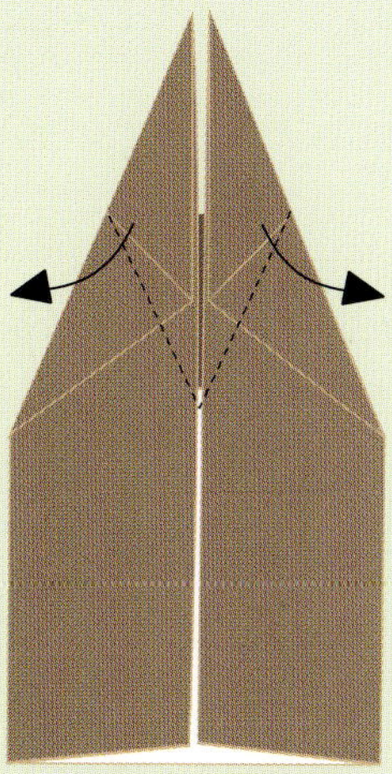

7 Plier en vallée.

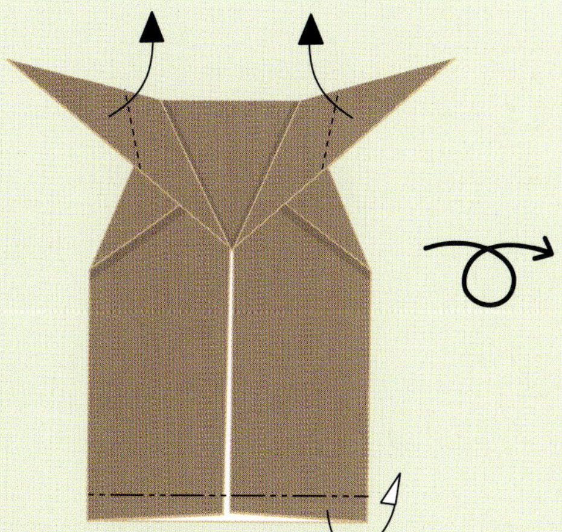

8 En haut : deux plis vallée.
En bas : un pli montagne.
Retourner le modèle.

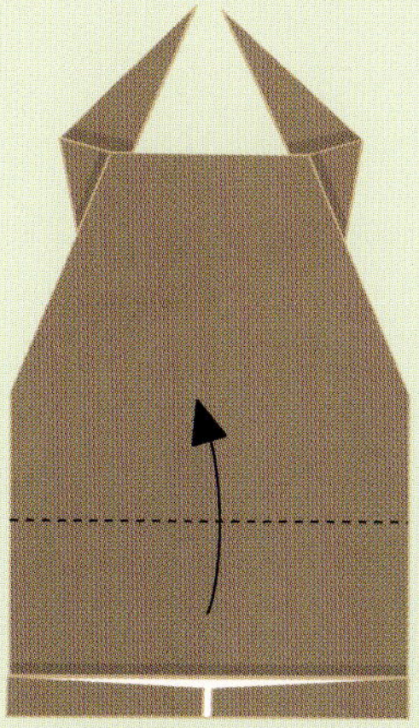

9 Plier en vallée
vers le haut.

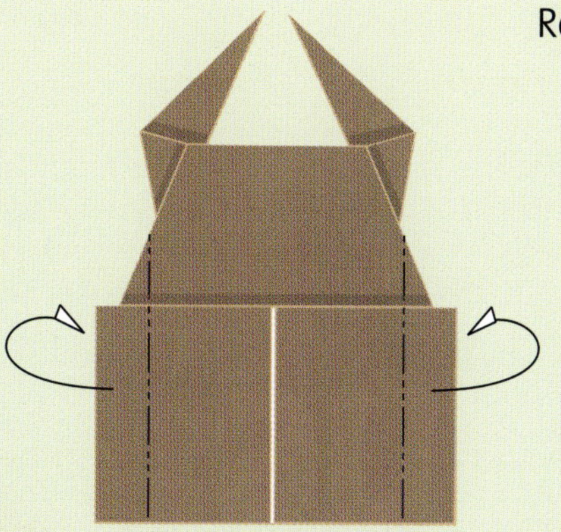

10 Plier en montagne.

11 Plier les quatre
coins en montagne.

12 Le lucane est terminé.

Lapin

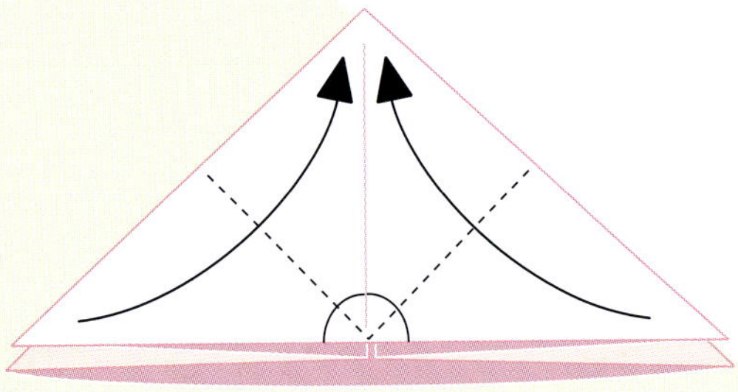

1 Commencer avec la base de la bombe à eau (voir p. 9). Plier en vallée pour amener les pointes en haut.

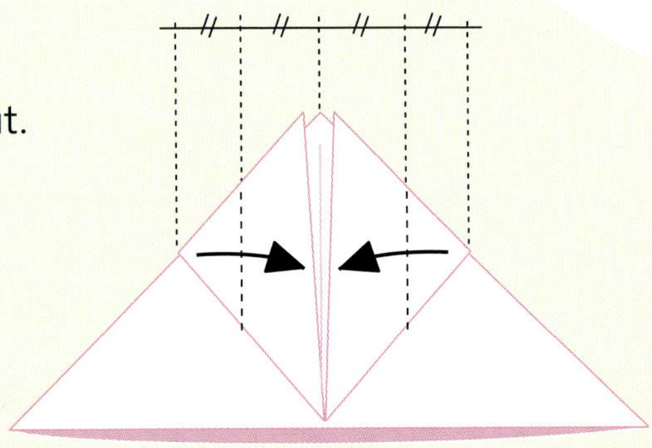

2 Plier en vallée pour amener les petites pointes au centre.

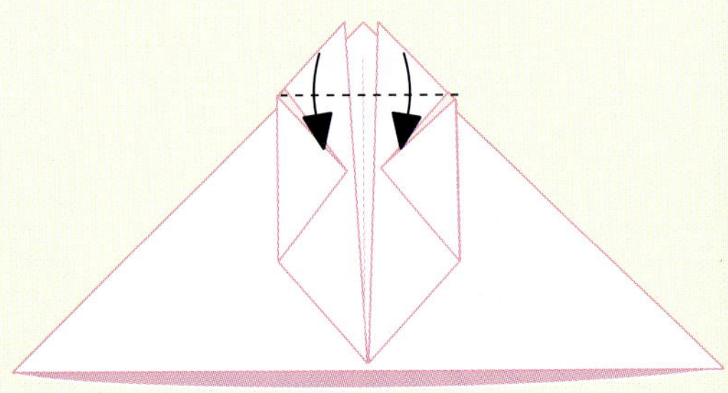

3 Plier en vallée les deux petites pointes.

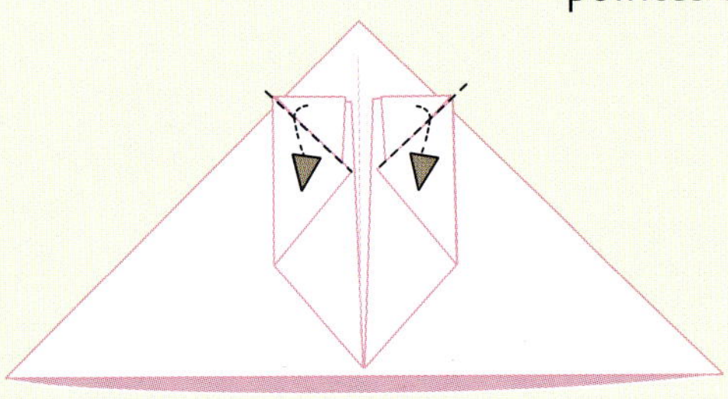

4 Plier en vallée pour rentrer les pointes dans les pochettes.

5 Retourner le modèle.

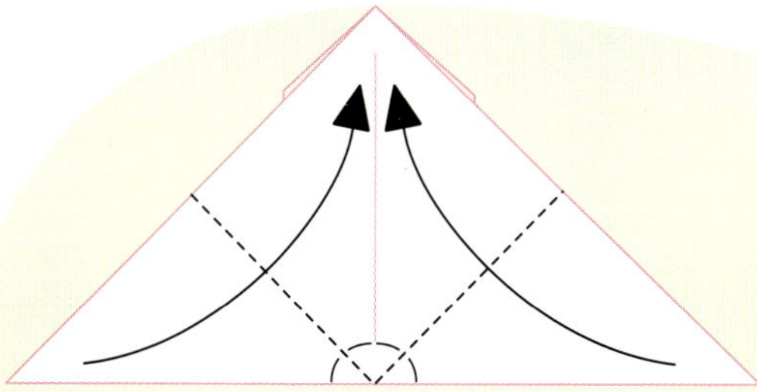

6 Plier en vallée pour amener
les pointes en haut.

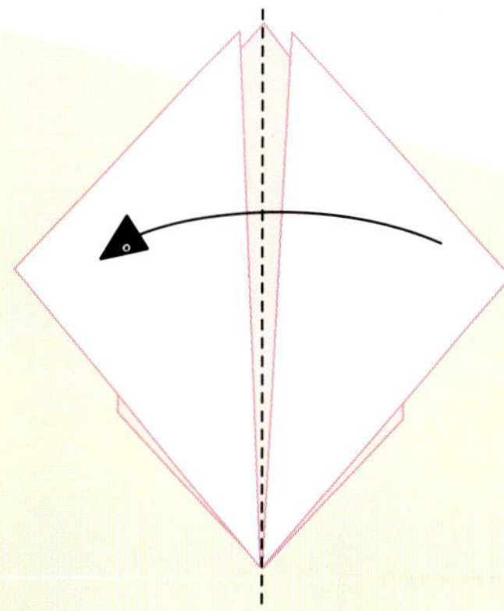

7 Plier en vallée
le volet du dessus.

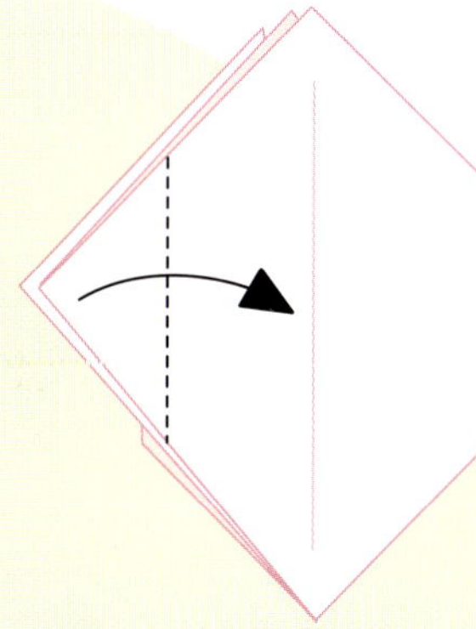

8 Plier en vallée.

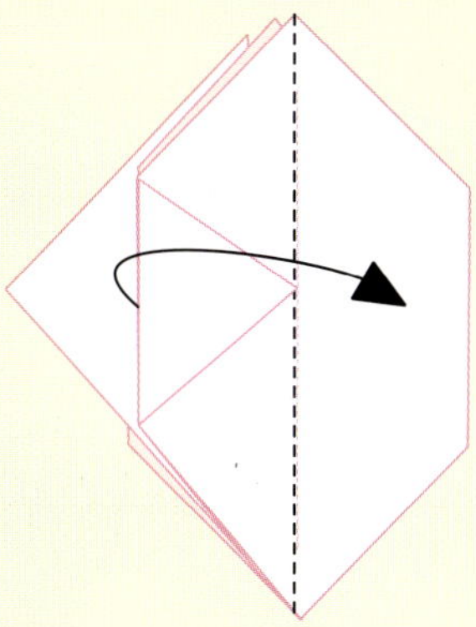

9 Rabattre le volet
à droite.

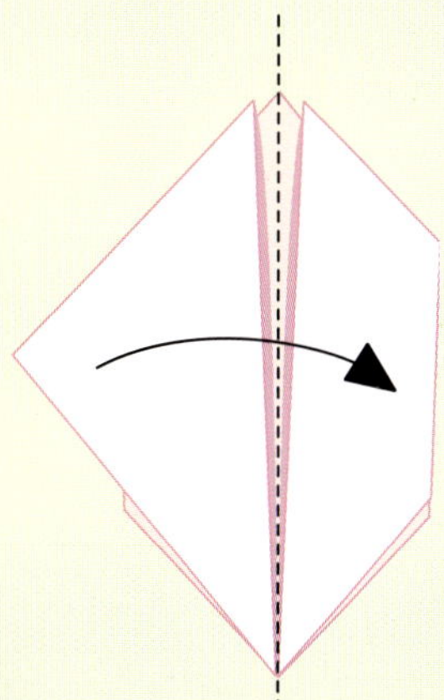

10 Répéter les étapes
7 à 9 à gauche.

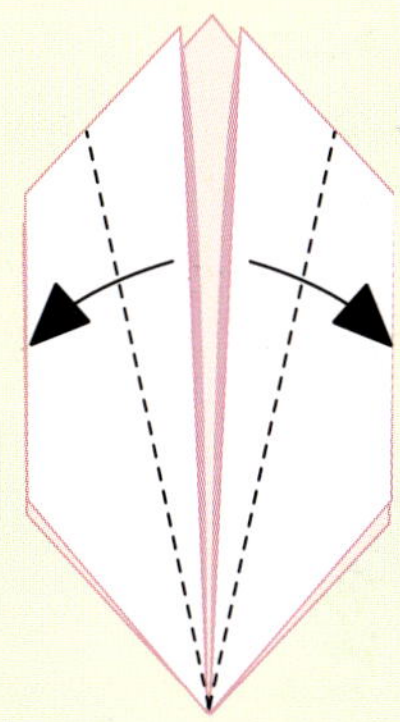

11 Plier en vallée.

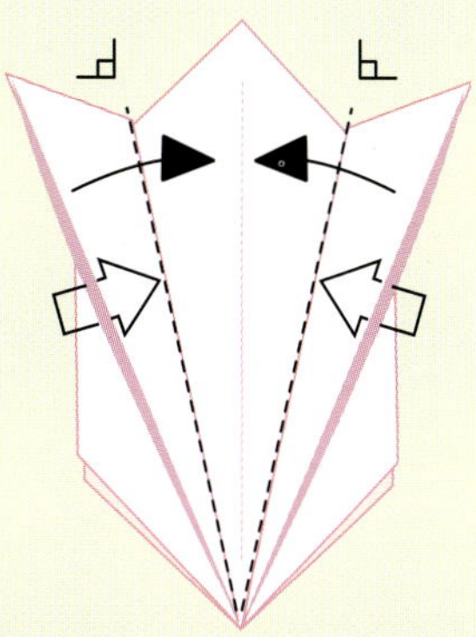

12 Ouvrir et ramener
les pointes à la
verticale.

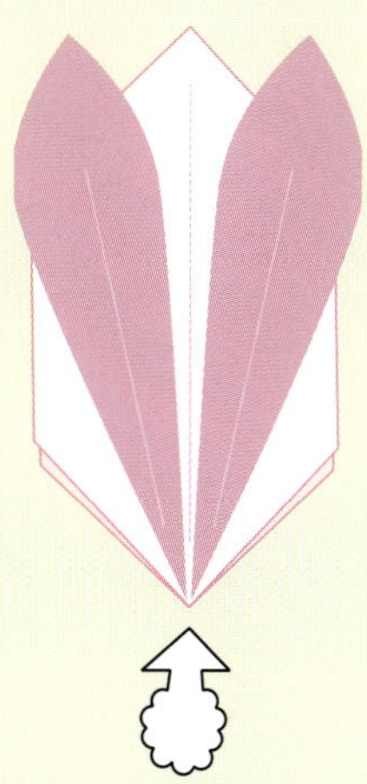

13 Souffler fortement
pour gonfler
le modèle.

14 Le lapin est
terminé.

Oiseau

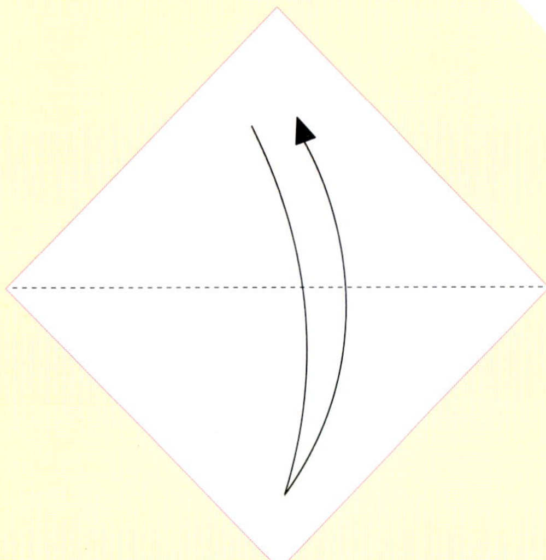

1 Marquer un pli vallée.

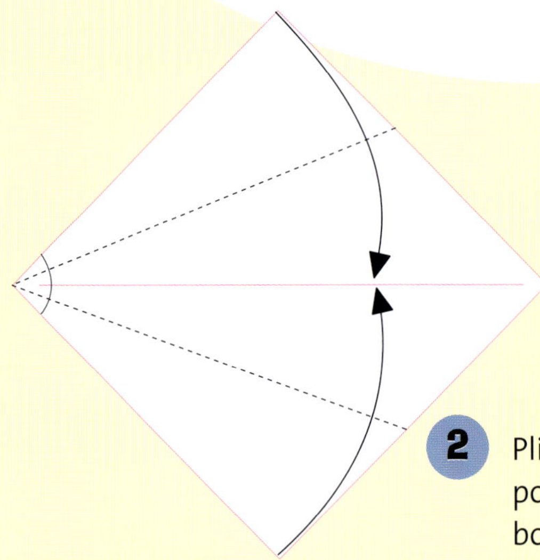

2 Plier en vallée pour amener les bords sur la ligne centrale.

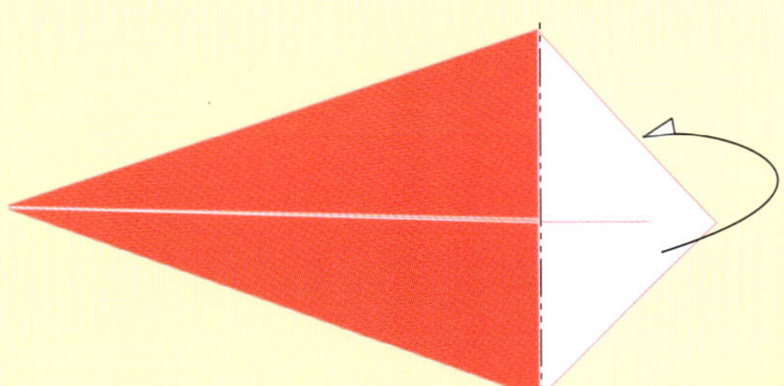

3 Plier en montagne.

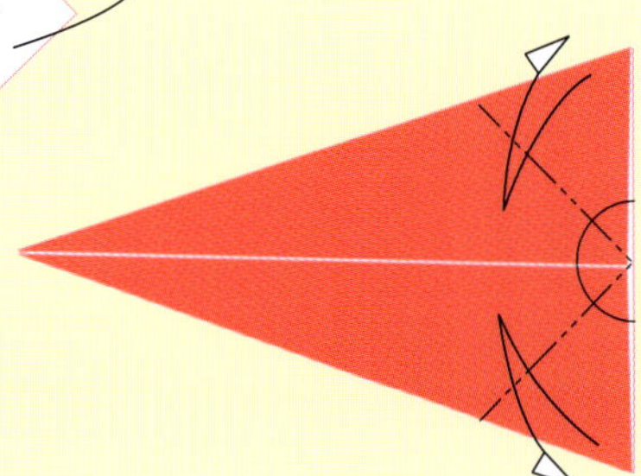

4 Marquer deux plis montagne.

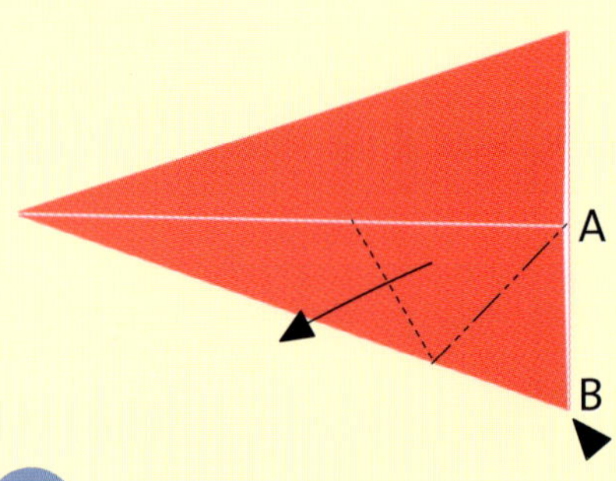

5 Plier pour amener AB sur la ligne horizontale.

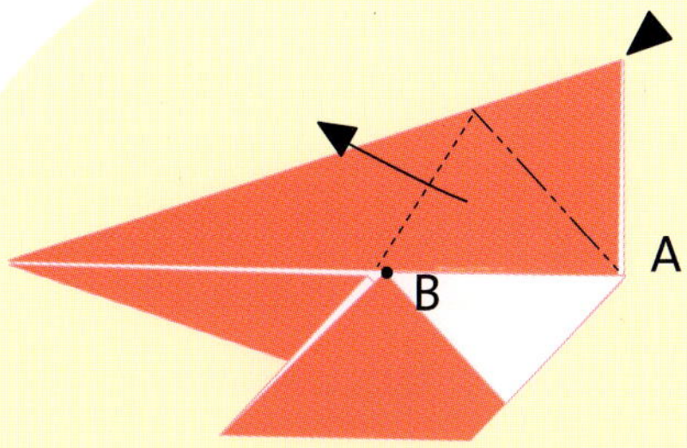

6 Répéter l'étape 5 en haut.

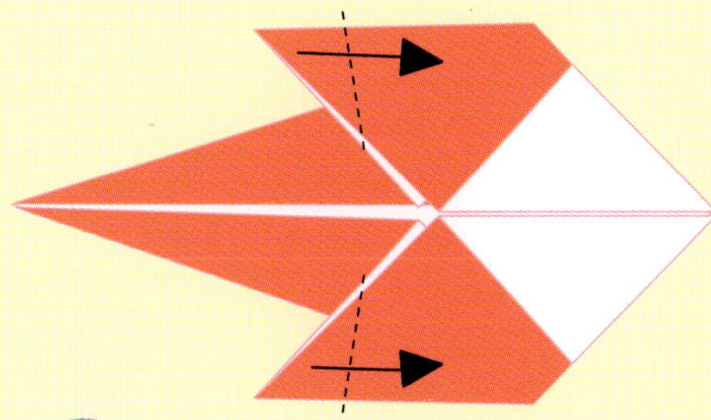

7 Plier en vallée.

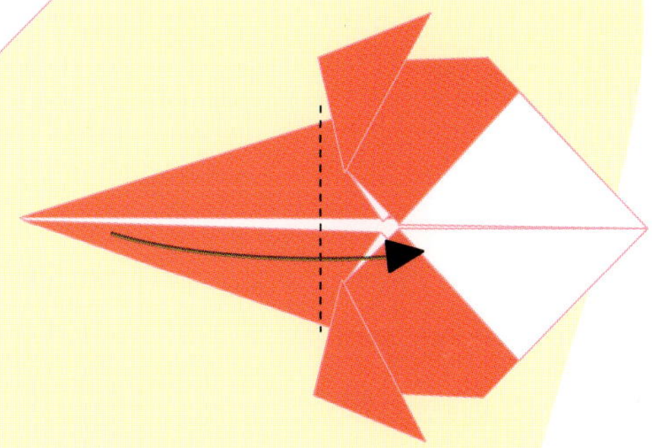

8 Plier en vallée.

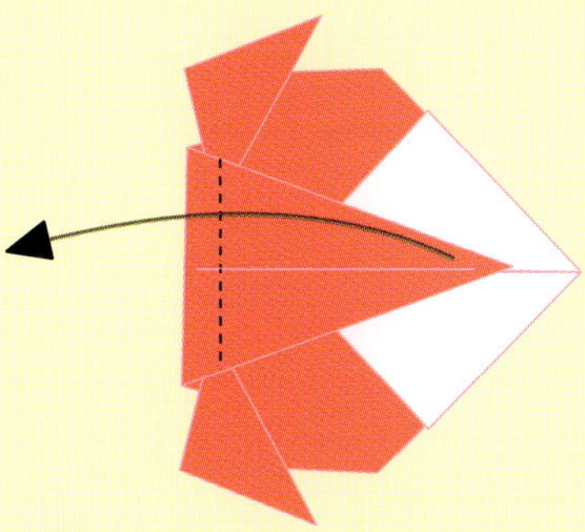

9 Plier en vallée.

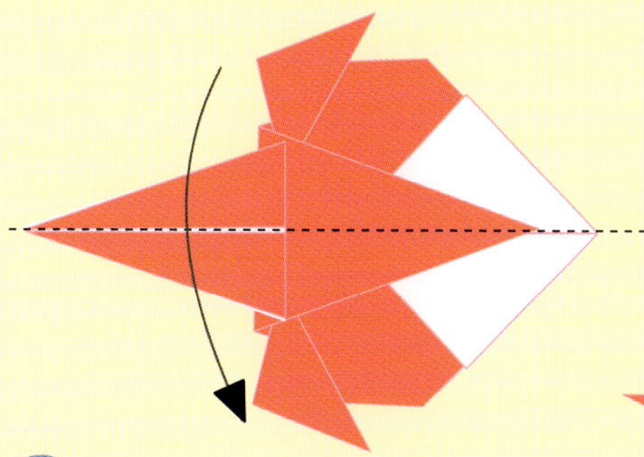

10 Plier le modèle en deux.

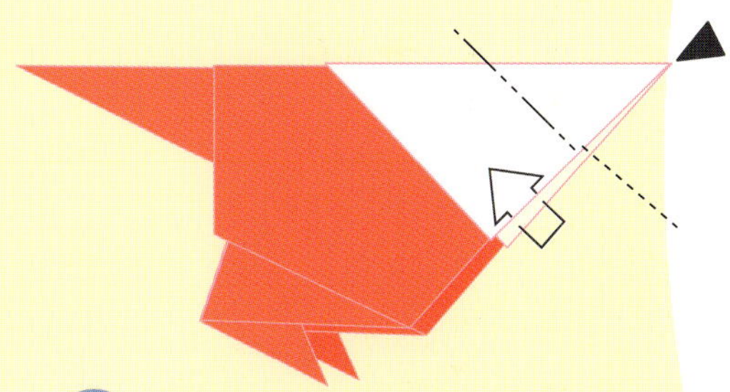

11 Effectuer un pli inversé intérieur (voir p. 8).

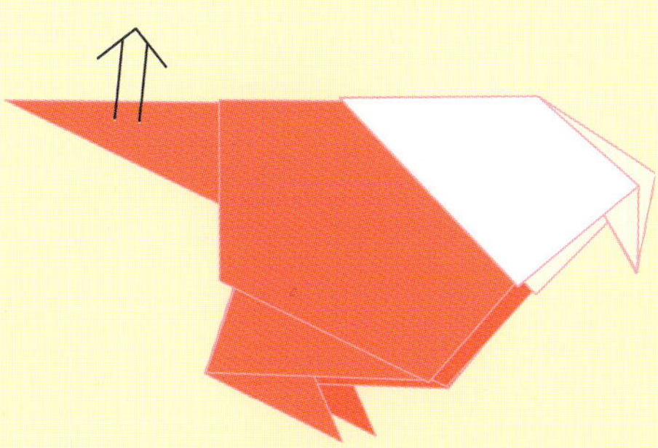

12 Maintenir fermement le corps pour relever la queue.

13 L'oiseau est terminé.

Escargot

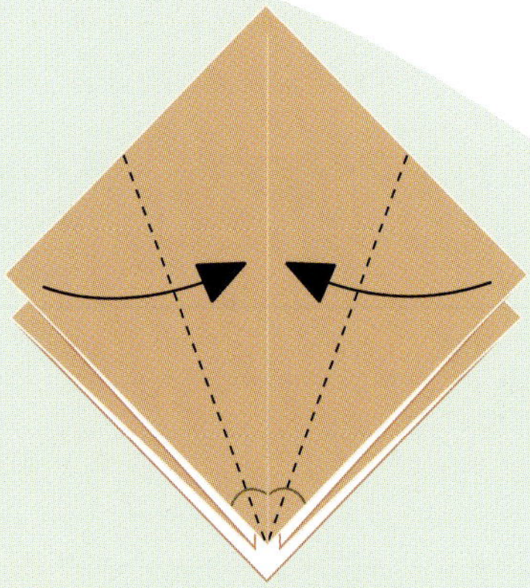

1 Commencer avec la base préliminaire (voir p. 9). Placer l'ouverture en bas. Plier en vallée pour amener les bords sur la ligne centrale.

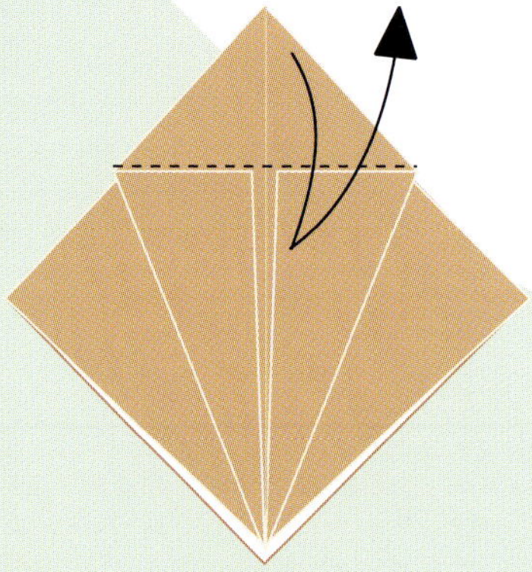

2 Marquer un pli vallée.

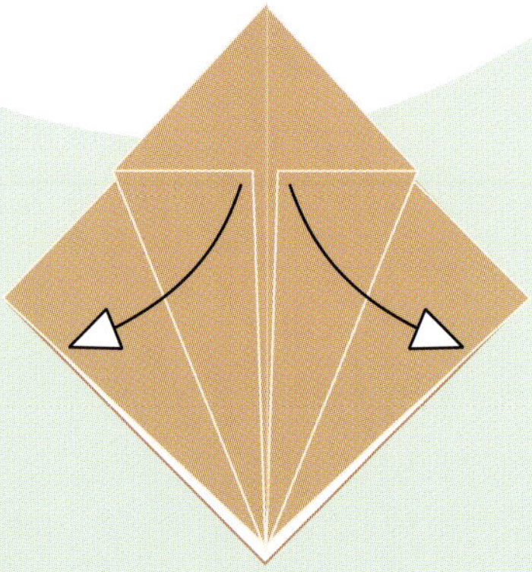

3 Déplier pour revenir à l'étape 1.

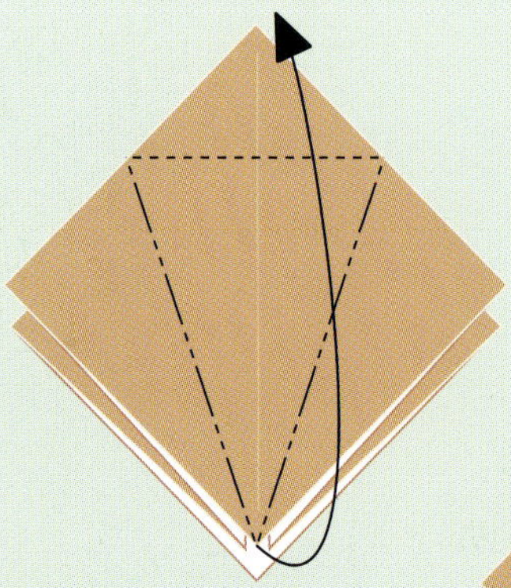

4 Remonter la pointe vers le haut, puis aplatir.

5 Retourner le modèle.

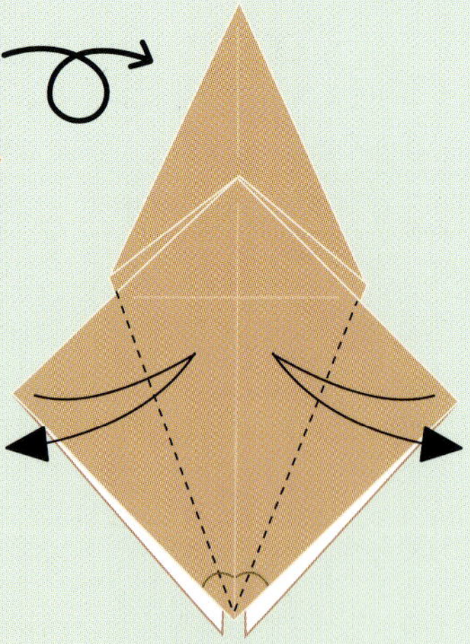

6 Marquer deux plis vallée.

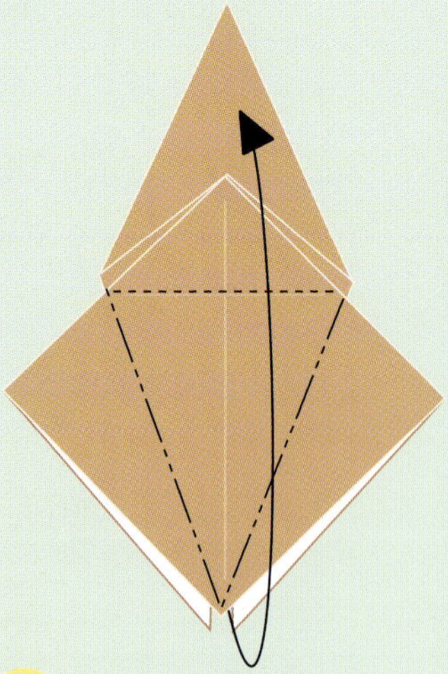

7 Remonter la pointe vers le haut, puis aplatir.

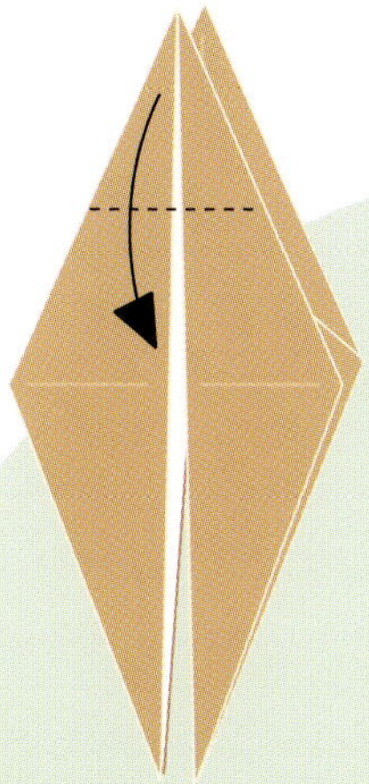

8 Plier en vallée la pointe du haut pour l'amener au centre.

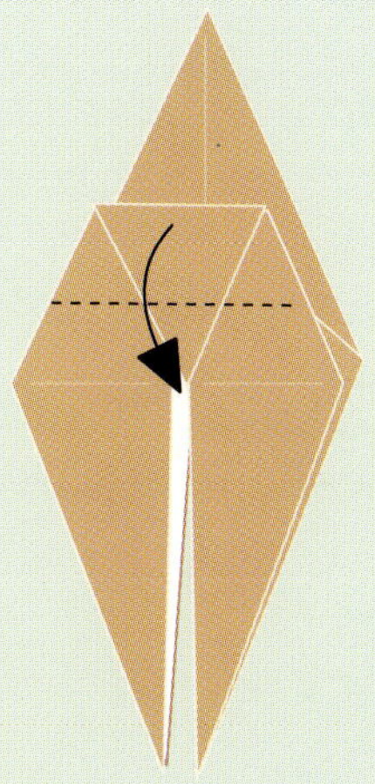

9 Plier en vallée pour amener le bord sur la ligne centrale.

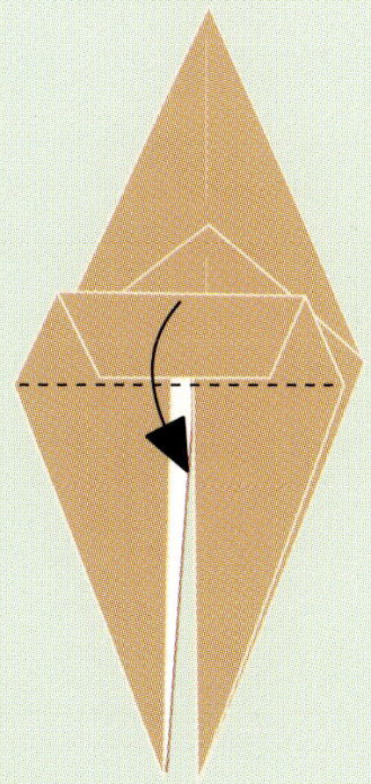

10 Plier en vallée.

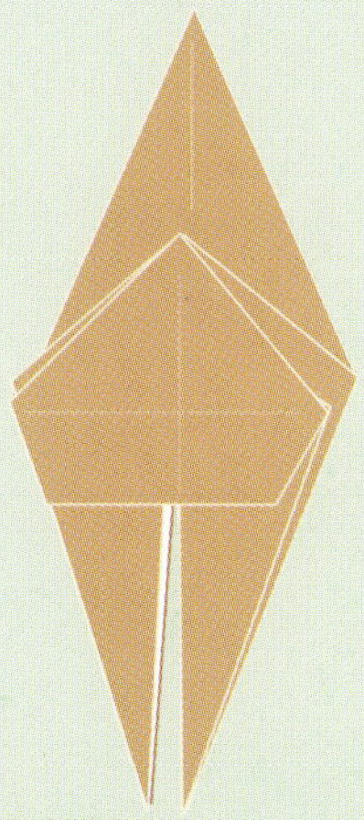

11 Répéter les étapes 8 à 10 derrière.

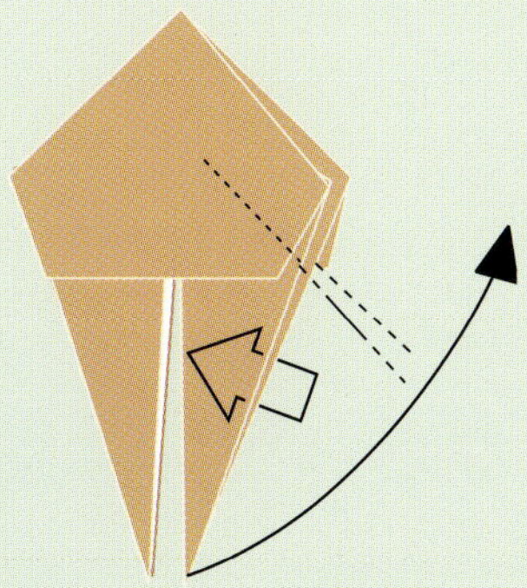

12 Effectuer un pli inversé intérieur (voir p. 8).

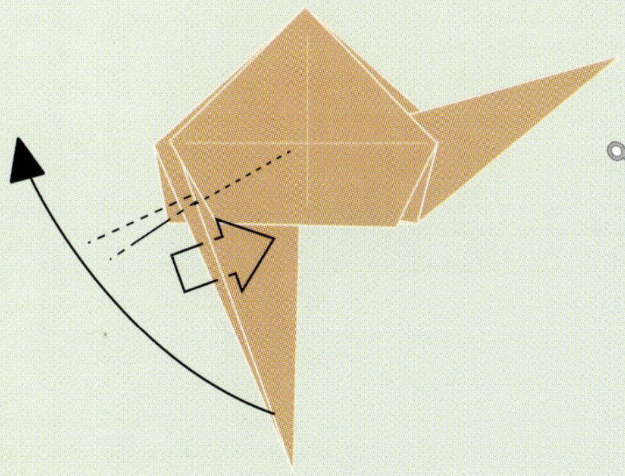

13 Effectuer un pli inversé intérieur.

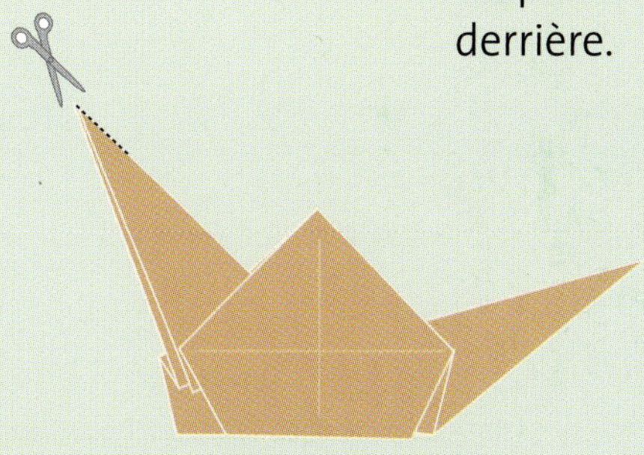

14 Découper l'extrémité de la pointe.

15 Plier la pointe de dessus en vallée.

16 L'escargot est terminé.

Singe

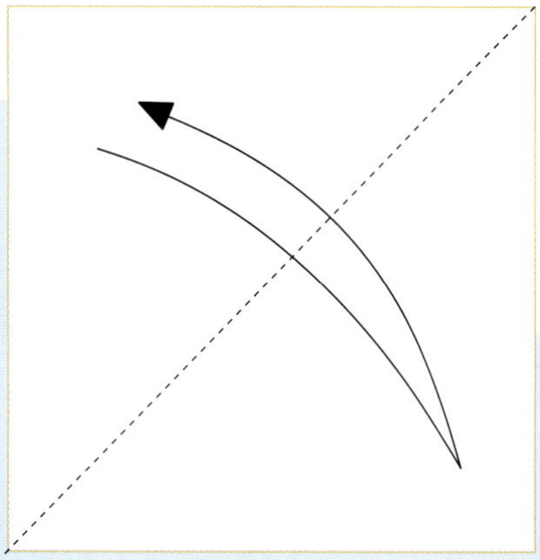

1 Marquer un pli vallée.

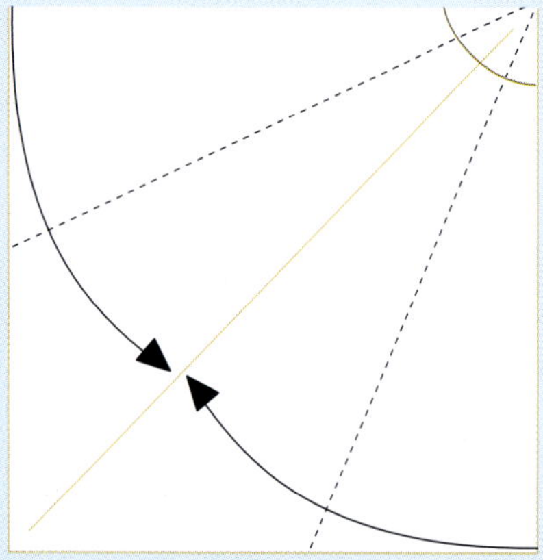

2 Plier en vallée pour amener les bords sur la diagonale.

3 Plier le modèle en deux.

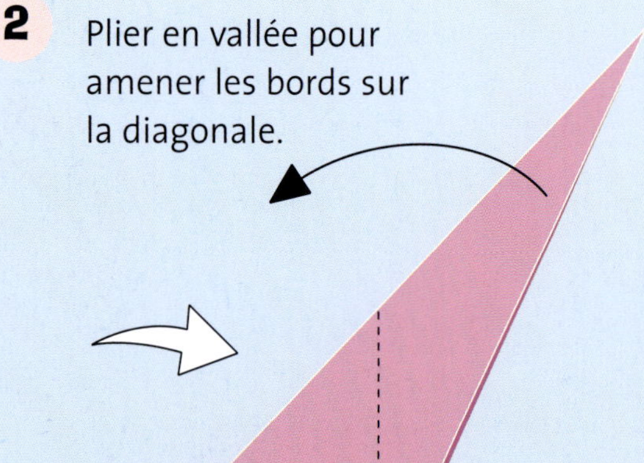

4 Plier en vallée.

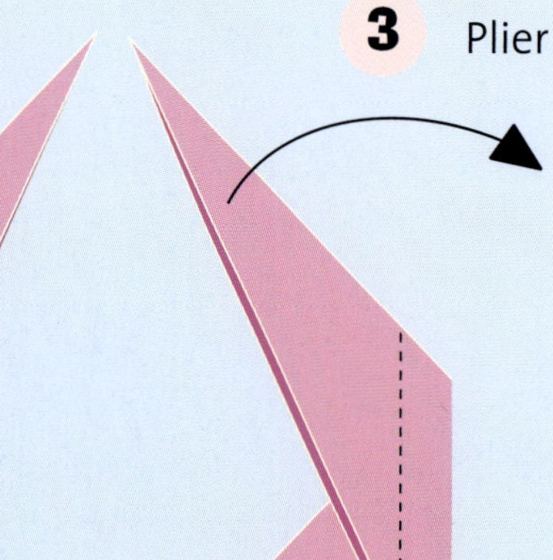

5 Plier en vallée.

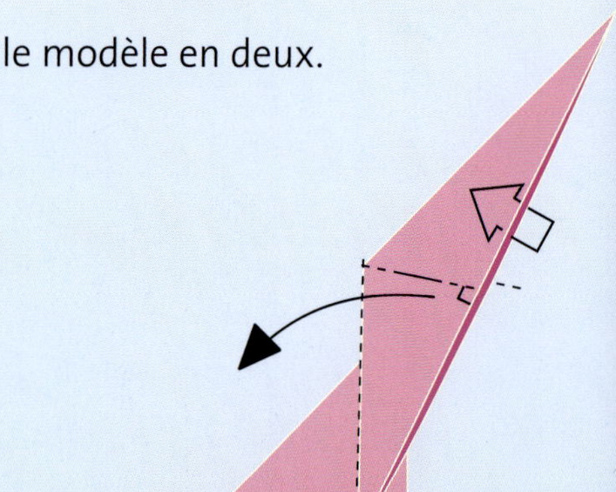

6 Ouvrir, puis aplatir en amenant la pointe du haut vers le bas.

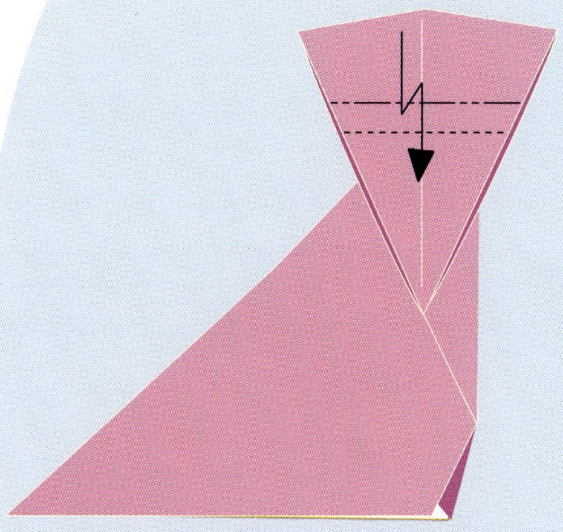

7 Effectuer un repli à la tête.

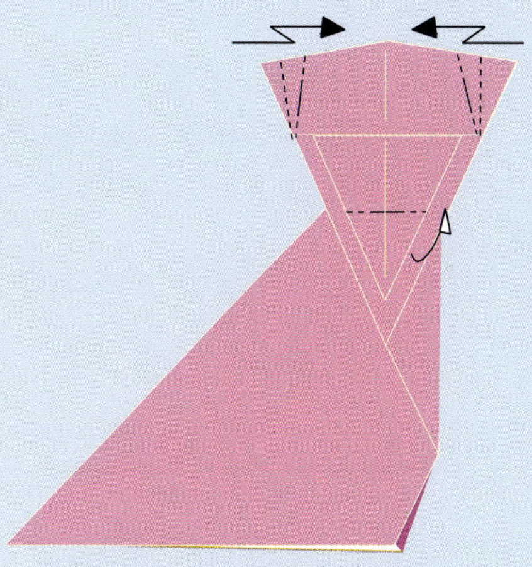

8 Effectuer deux replis pour former les oreilles. Plier en montagne au bas de la tête.

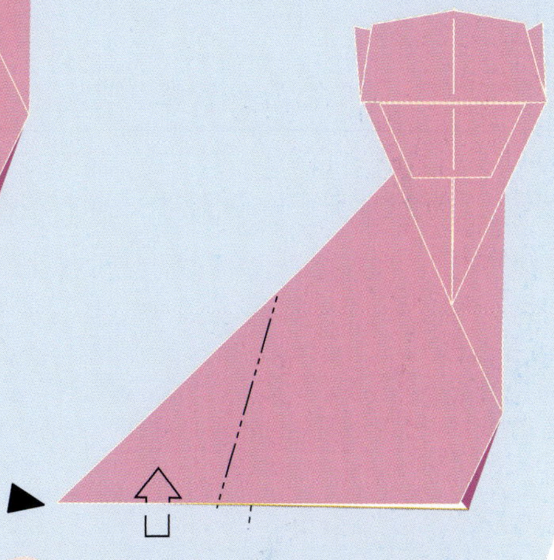

9 Effectuer un pli inversé intérieur (voir p. 8).

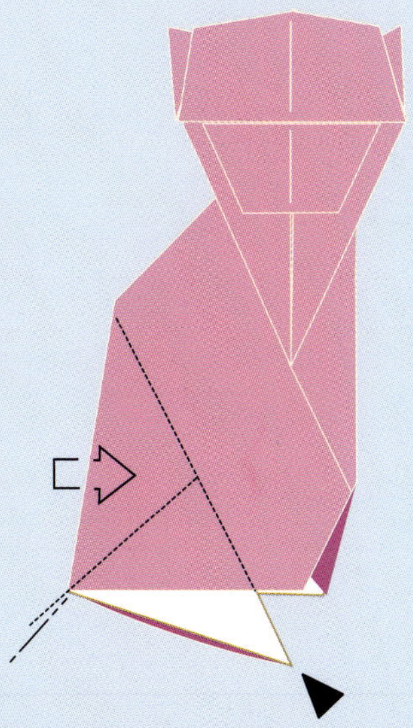

10 Effectuer un pli inversé intérieur sur la pointe cachée.

11 Plier à l'intérieur pour affiner la queue.

12 Le singe est terminé.

Dauphin

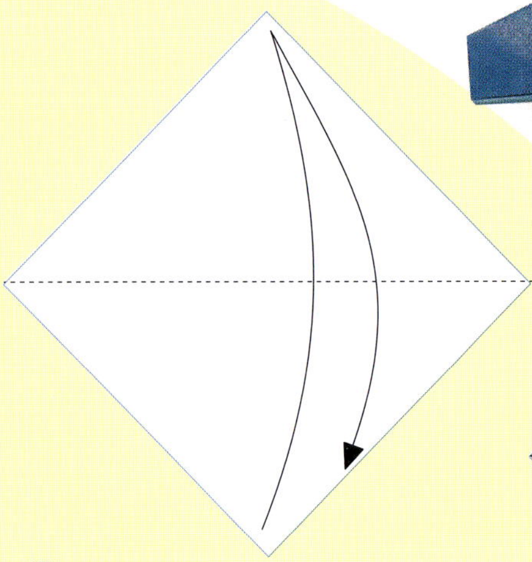

1 Marquer un pli vallée.

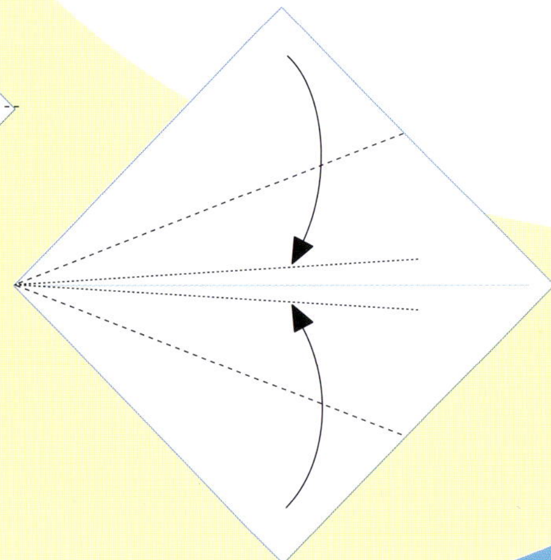

2 Plier en vallée les deux bords vers le centre. Attention : laisser un petit espace entre les deux volets.

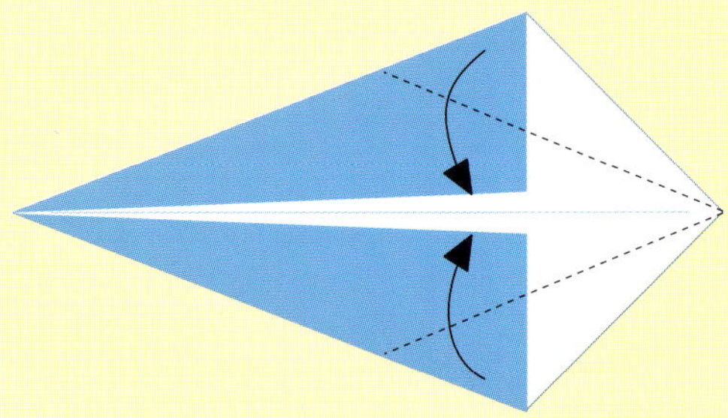

3 Répéter l'étape précédente à droite.

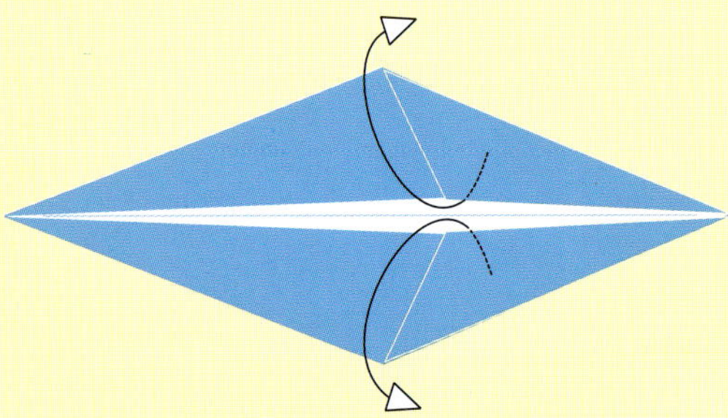

4 Tirer sur les deux pointes intérieures pour les faire ressortir.

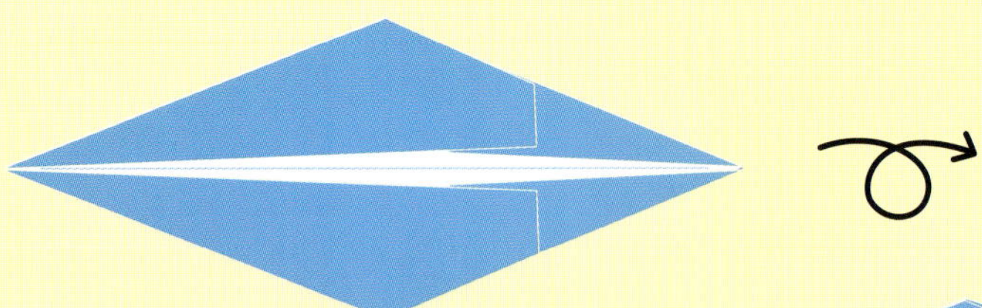

5 Retourner le modèle.

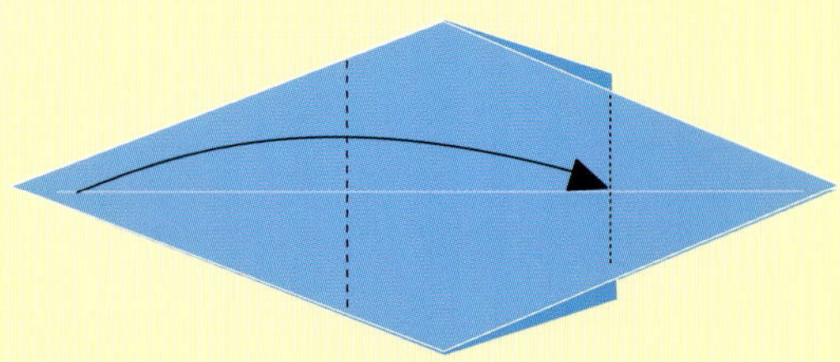

6 Plier en vallée.

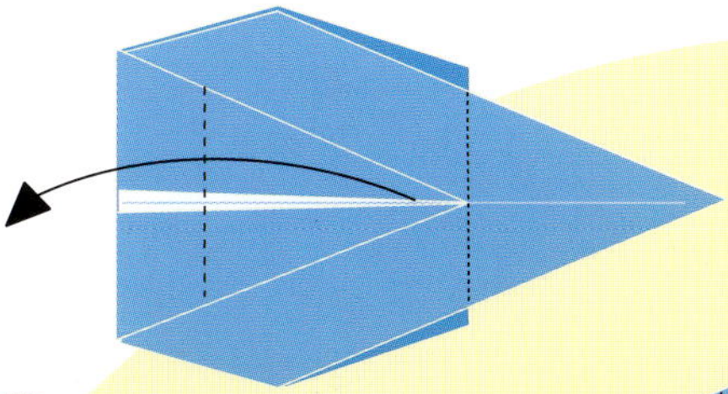

7 Plier en vallée.

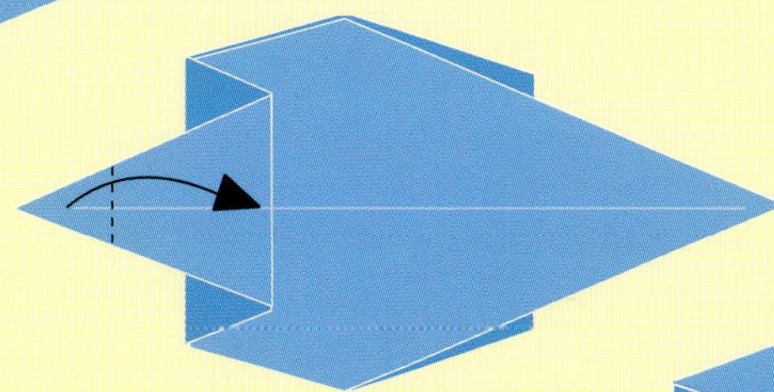

8 Plier en vallée.

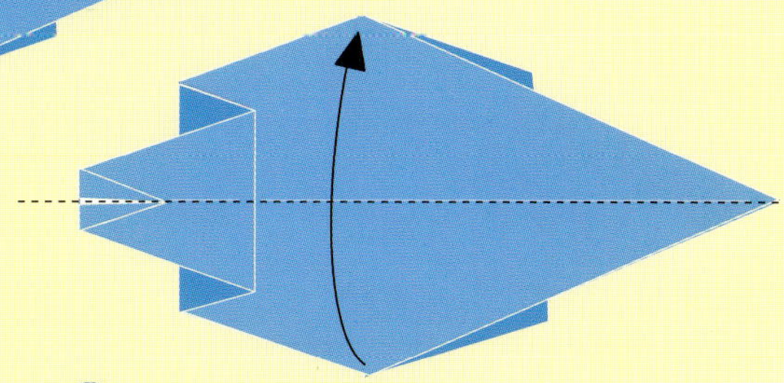

9 Plier le modèle en deux.

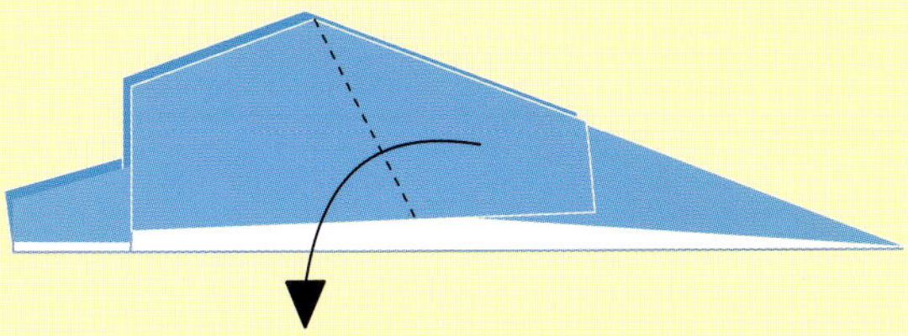

10 Plier en vallée. Répéter derrière.

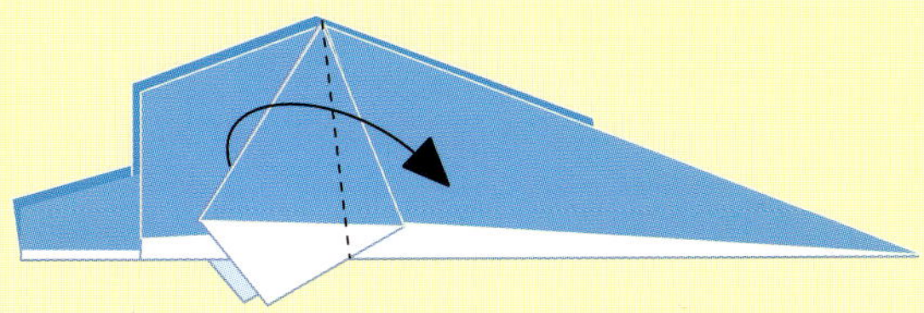

11 Plier en vallée. Répéter derrière.

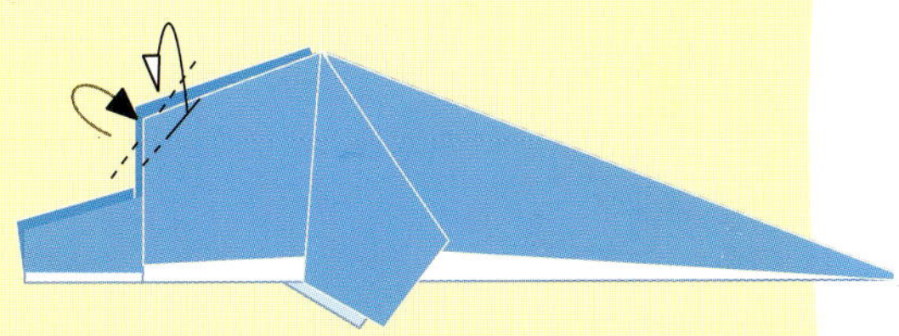

12 Plier le coin en montagne. Répéter derrière.

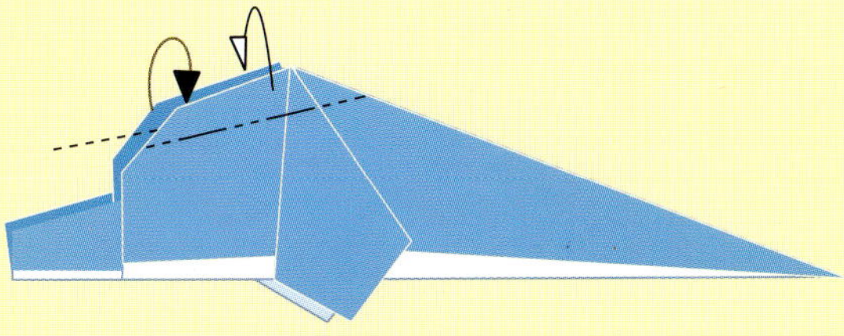

13 Plier en montagne. Répéter derrière.

14 Réaliser un pli inversé intérieur (voir p. 8).

15 Le dauphin est terminé.

Crabe

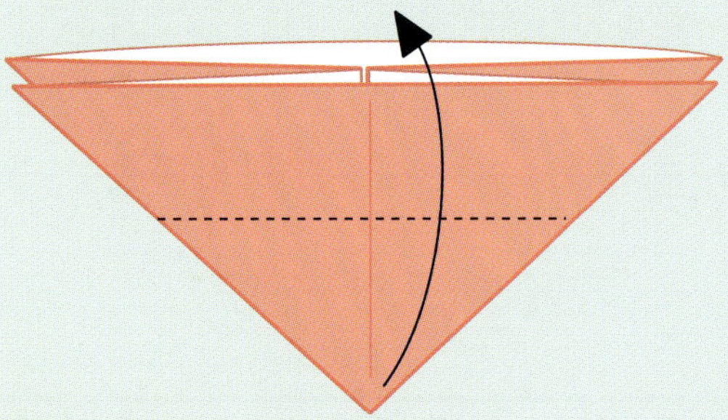

1 Commencer avec la base de la bombe à eau (voir p. 9). Plier en vallée.

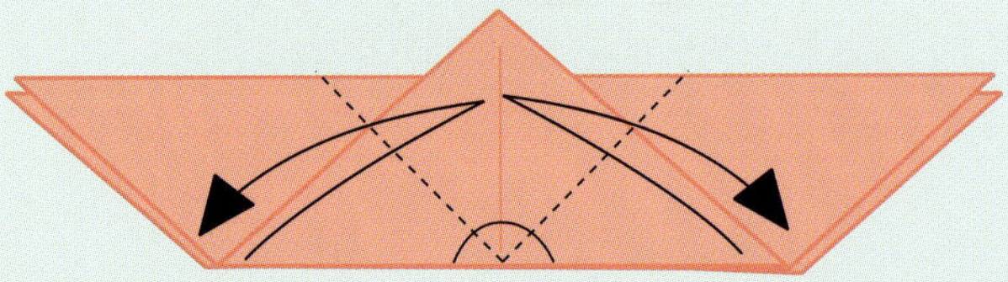

2 Marquer très fermement deux plis vallée.

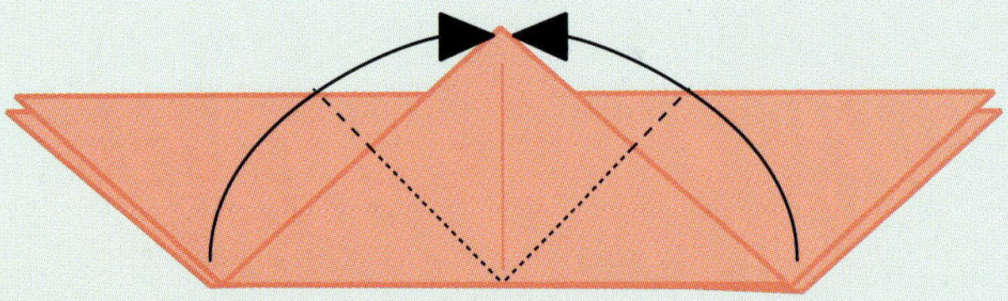

3 Plier en vallée (seulement les volets du dessus).

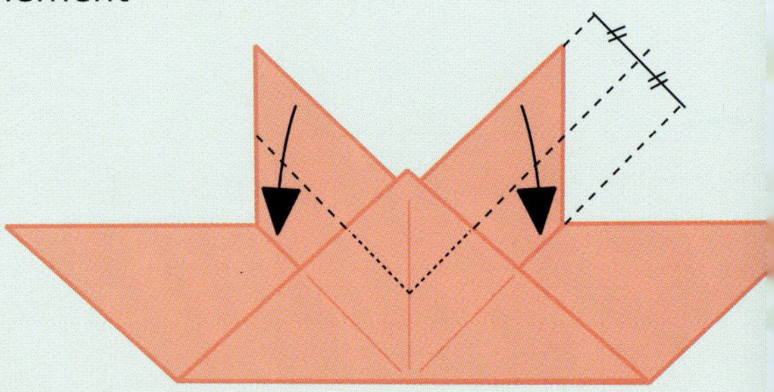

4 Plier en vallée.

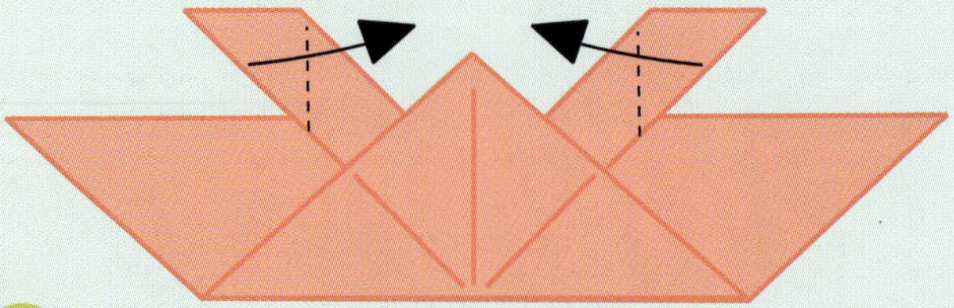

5 Plier en vallée.

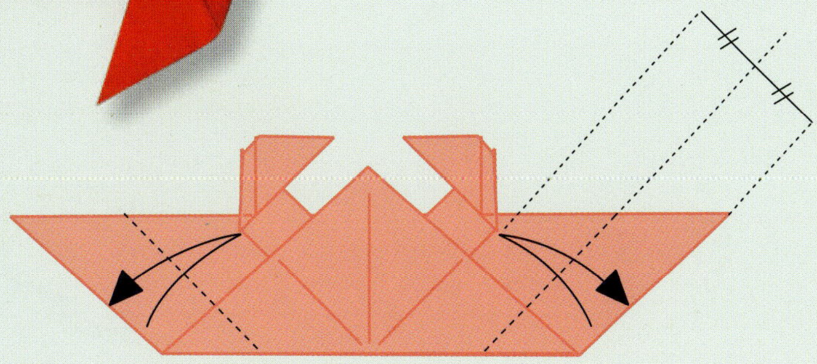

6 Marquer deux plis vallée

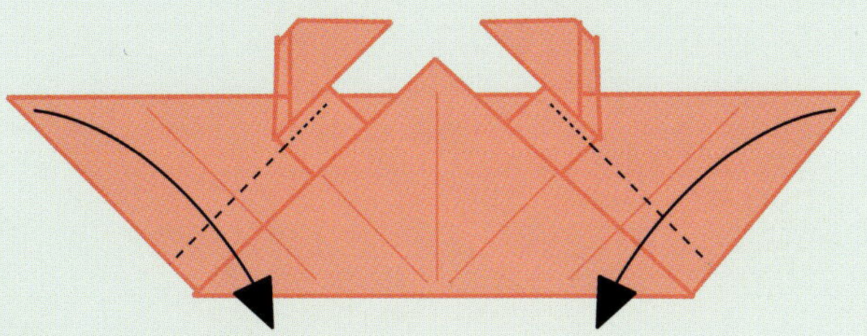

7 Plier en vallée.

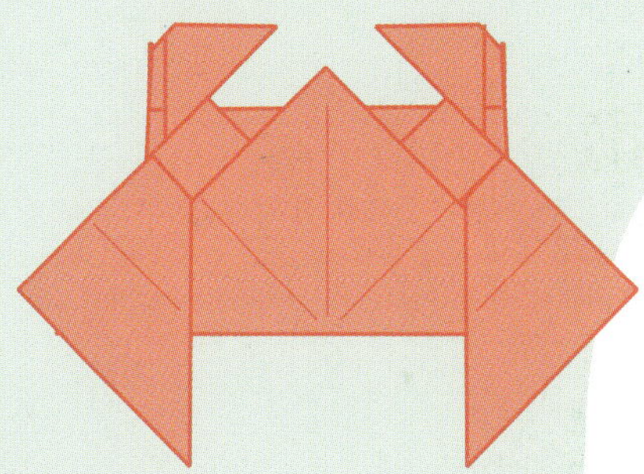

8 Retourner le pliage.

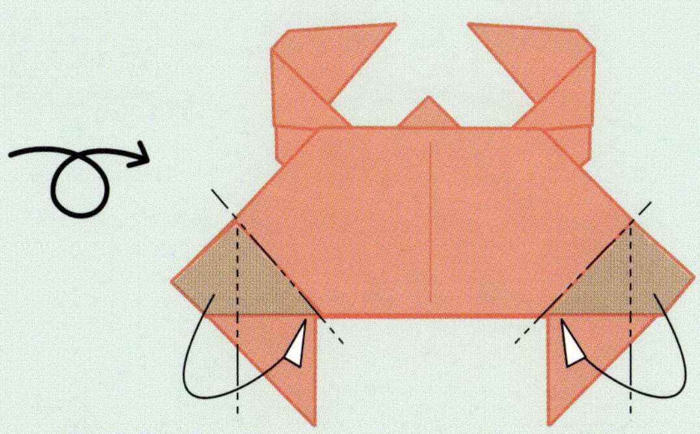

9 Rentrer les coins à l'intérieur en utilisant les plis déjà marqués (plis pivot).

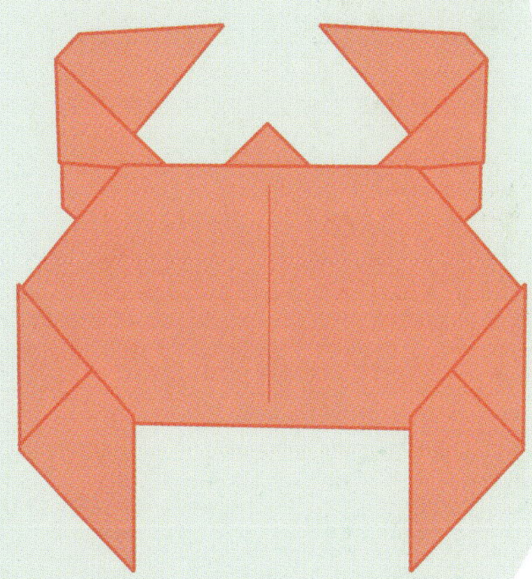

10 Le crabe est terminé.

Pingouin

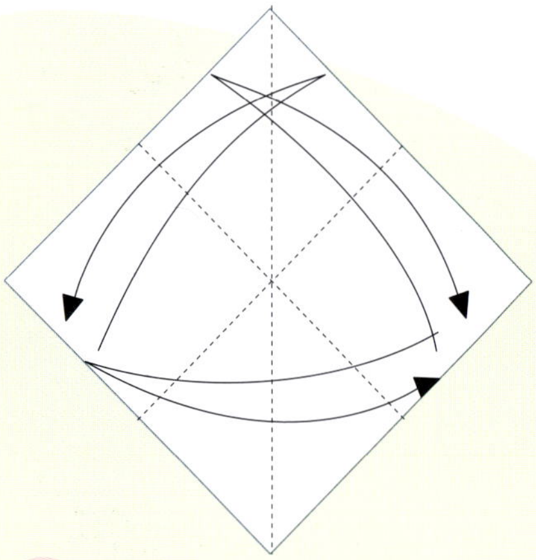

1 Marquer trois plis vallée.

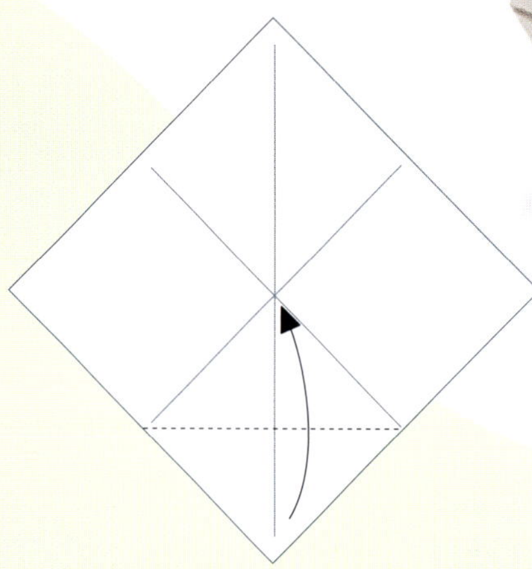

2 Plier en vallée.

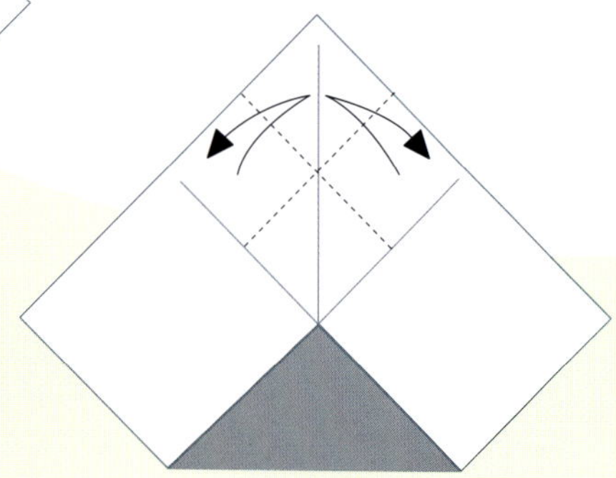

3 Marquer deux plis vallée.

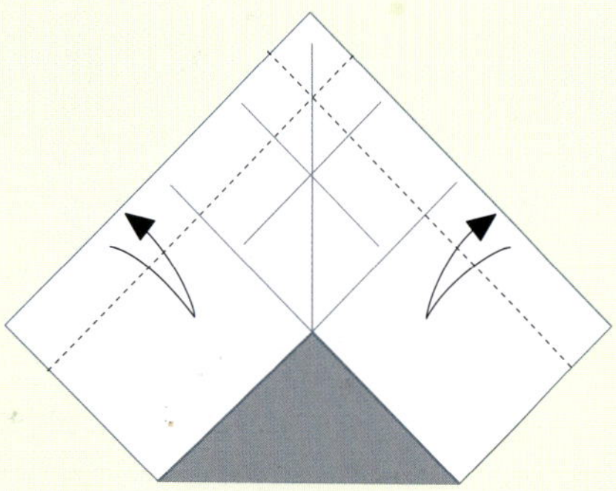

4 Marquer deux plis vallée.

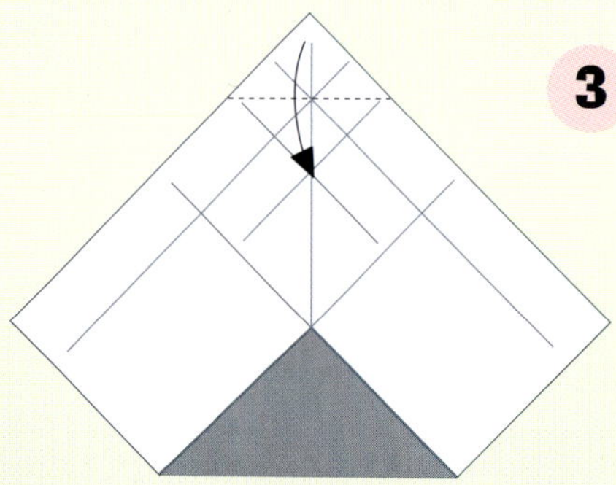

5 Plier en vallée.

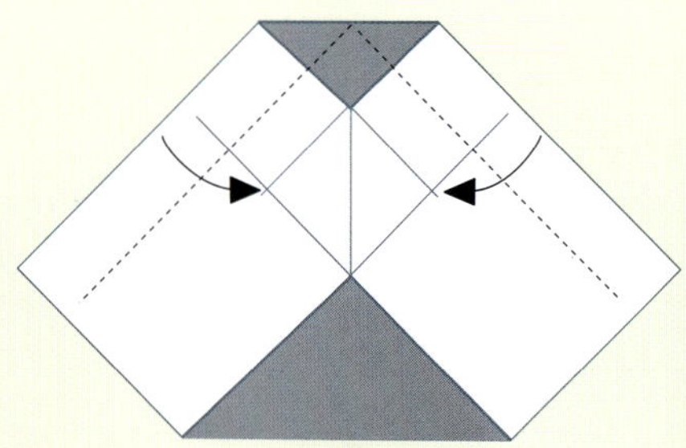

6 Plier en vallée.

7 Retourner le modèle.

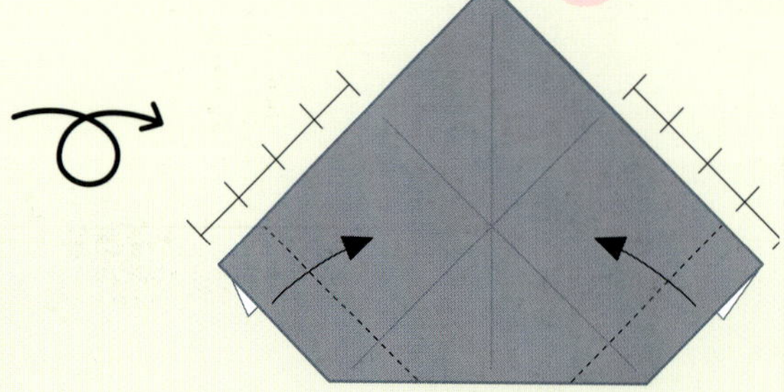

8 Plier en vallée.

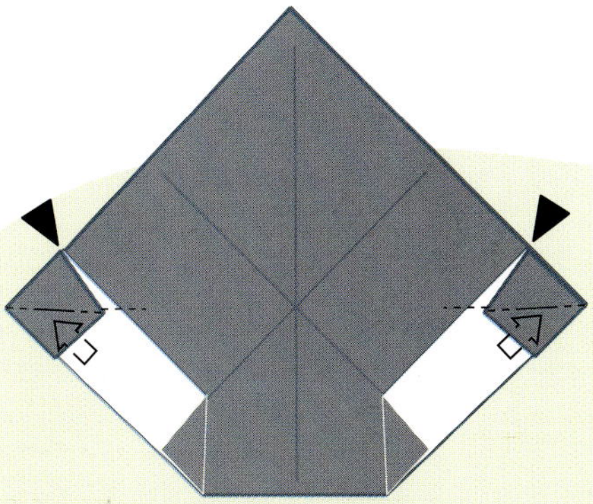

9 Ouvrir, puis pousser pour aplatir.

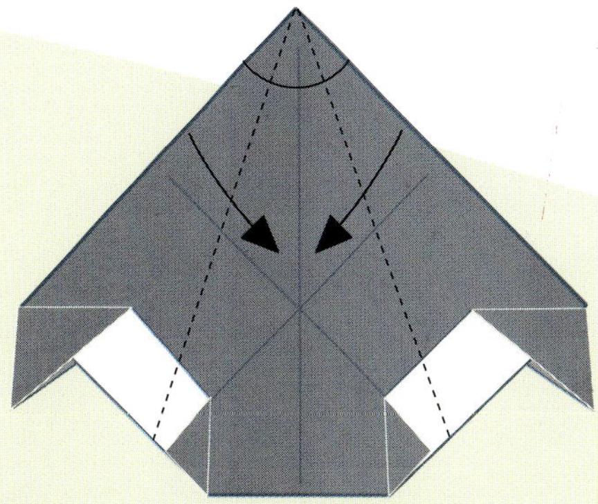

10 Plier en vallée pour amener les bords sur la ligne centrale.

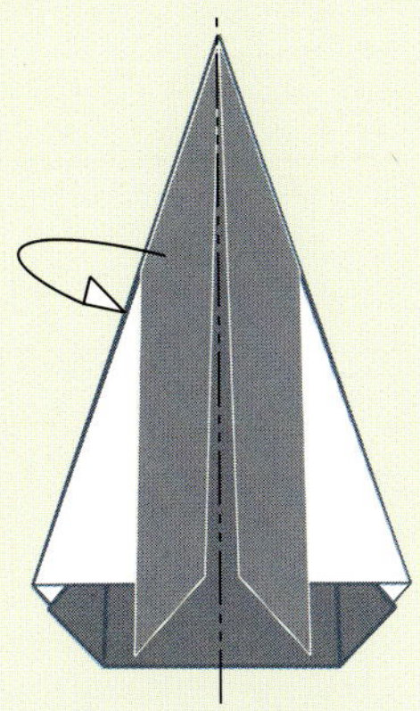

11 Plier le modèle en deux.

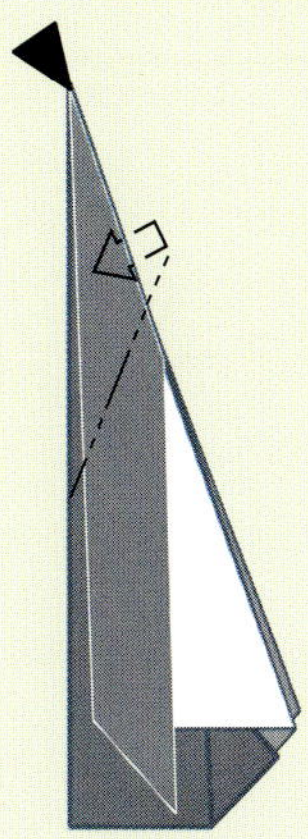

12 Effectuer un pli inversé intérieur (voir p. 8).

13 Effectuer un pli inversé extérieur (voir p. 8).

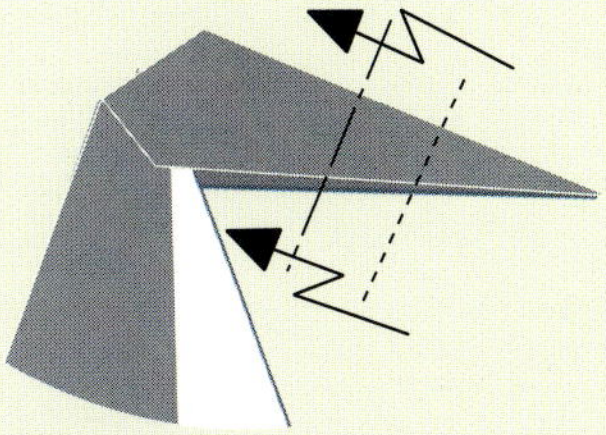

14 Détail de la tête : effectuer un repli.

15 On obtient ceci.

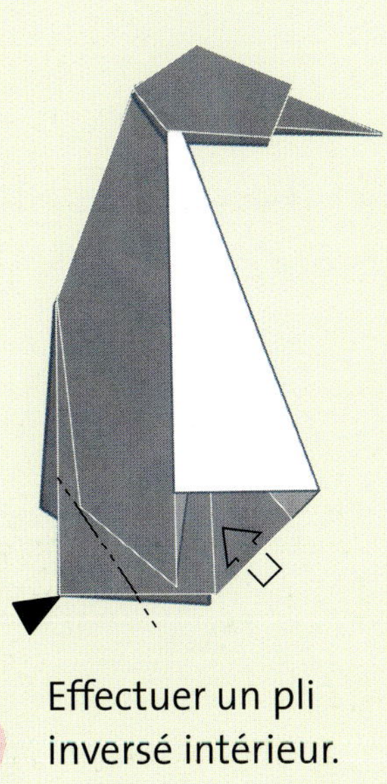

16 Effectuer un pli inversé intérieur.

17 Le pingouin est terminé.

Sardine

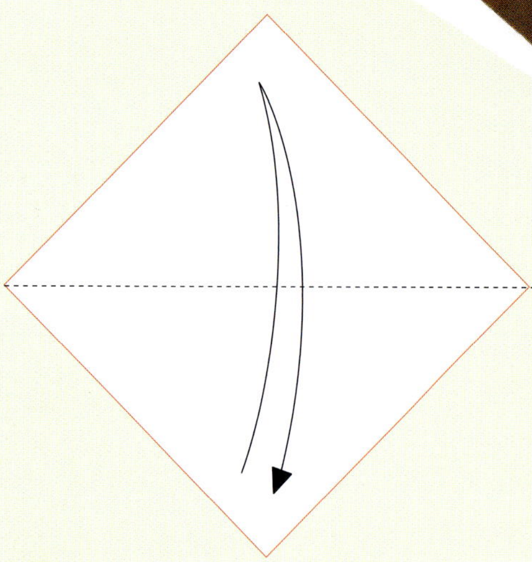

1 Marquer
un pli vallée.

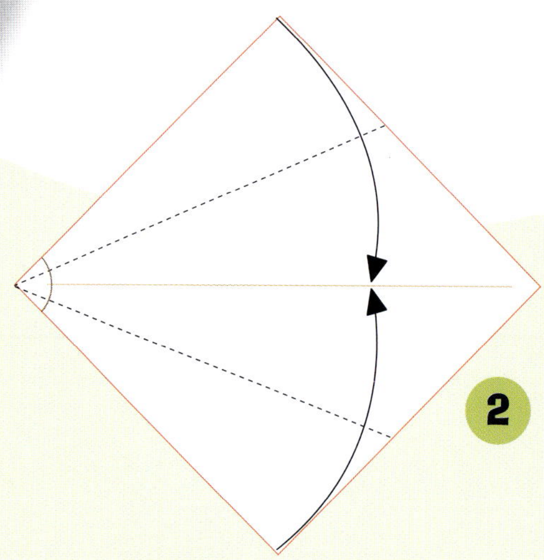

2 Plier en vallée
pour amener
les bords sur
la ligne centrale.

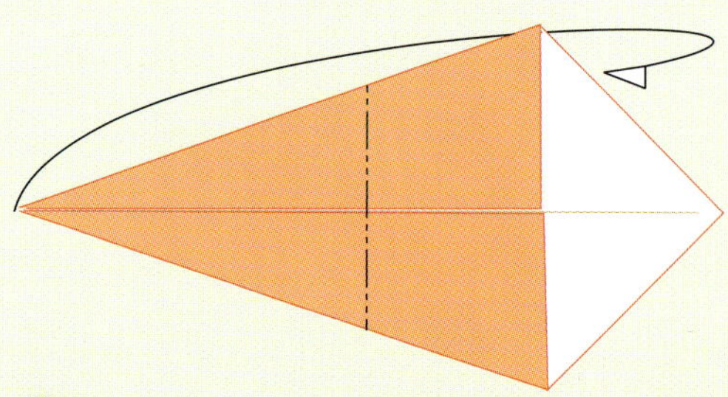

3 Plier en montagne.

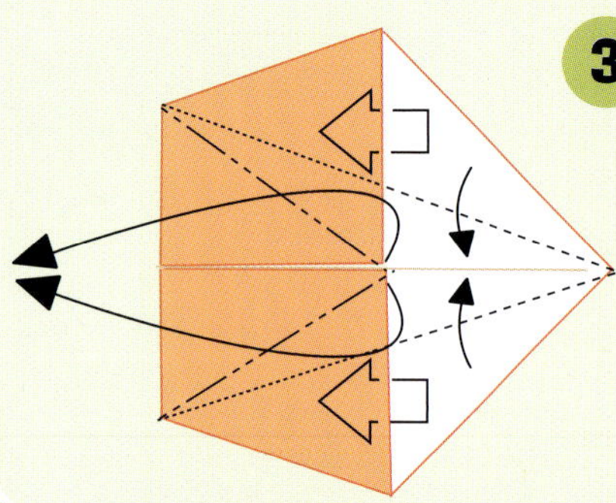

4 Simultanément, ouvrir et plier
pour amener les deux pointes
à gauche.

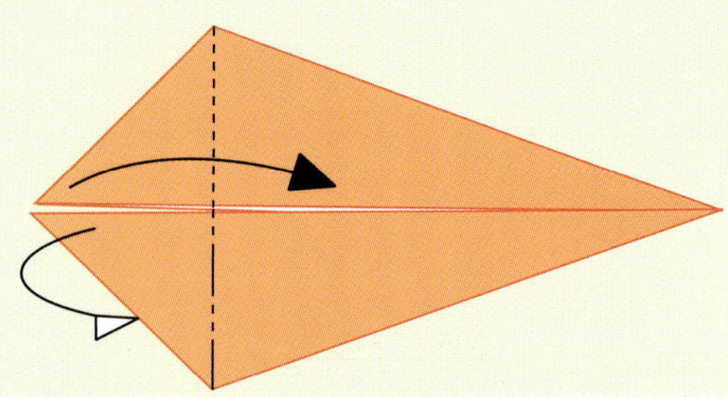

5 Plier une pointe en
vallée, l'autre en
montagne.

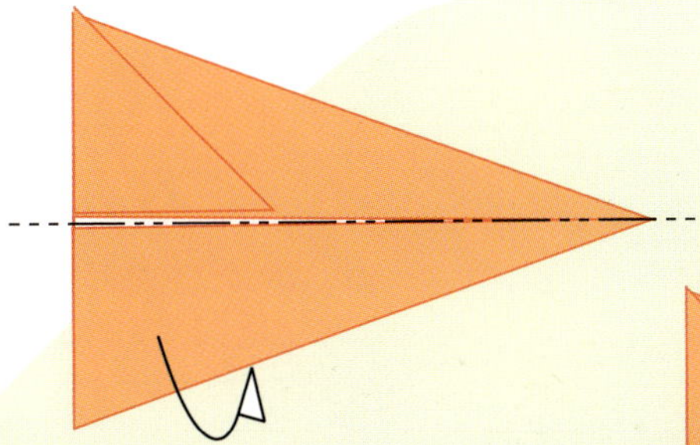

6 Plier le modèle en deux.

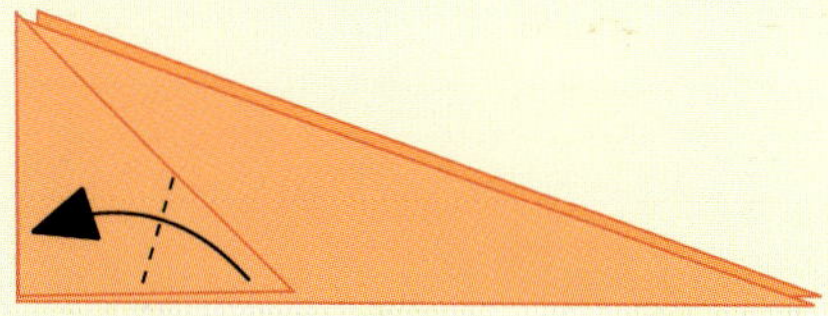

7 Plier la pointe en vallée.

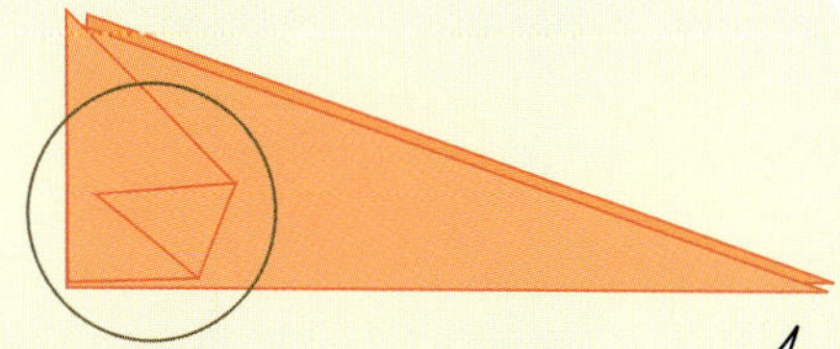

8 Zone de travail pour les étapes suivantes.

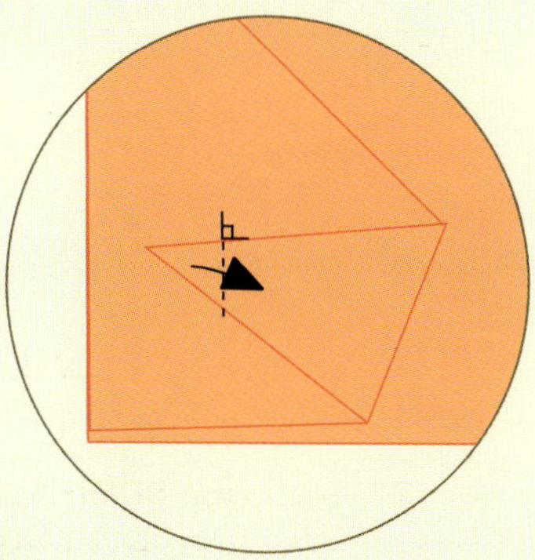

9 Plier en vallée à angle droit.

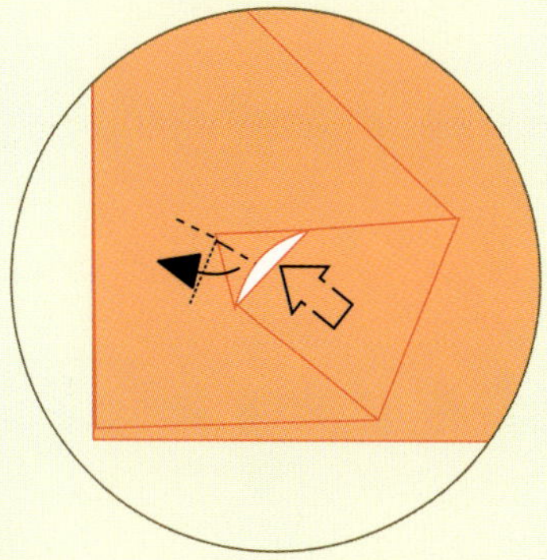

10 Ouvrir et faire pivoter vers la gauche, puis aplatir.

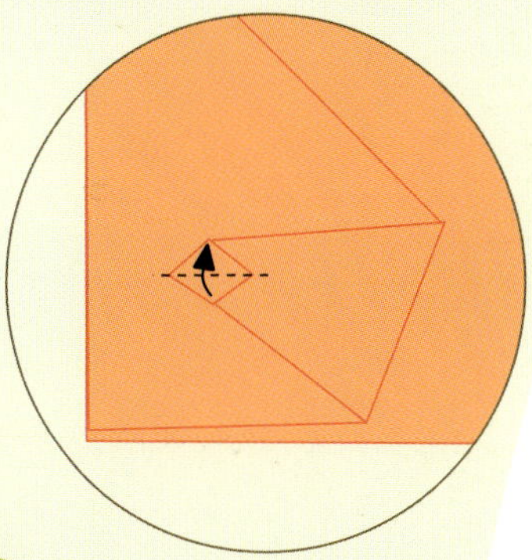

11 Plier en vallée la petite pointe vers le haut (l'œil change de couleur !).

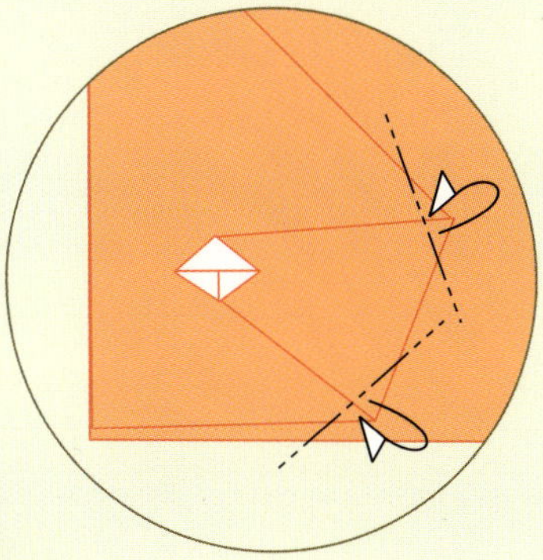

12 Plier en montagne.

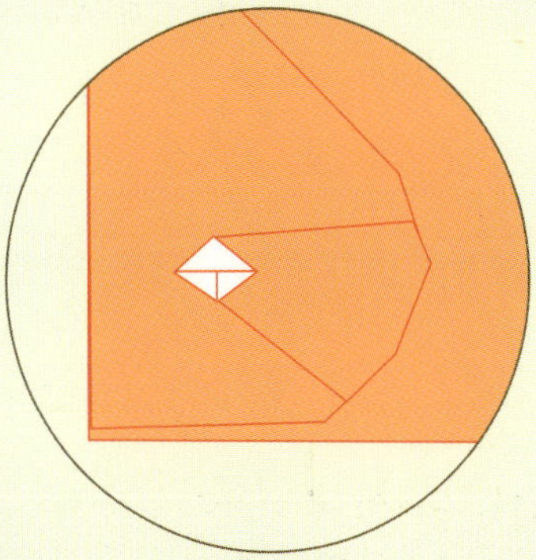

13 On obtient ceci.

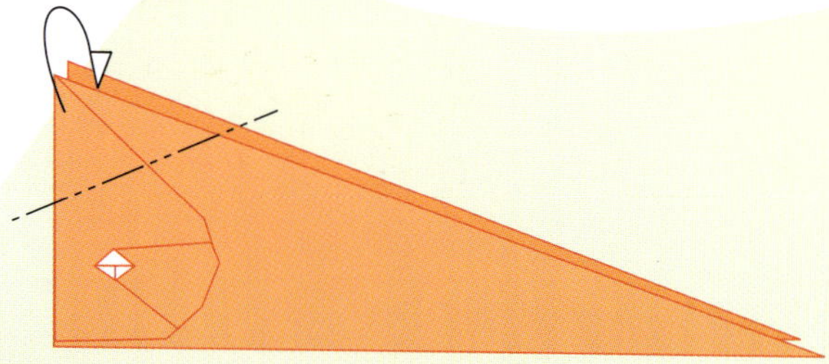

14 Plier en montagne (le volet de dessus seulement).

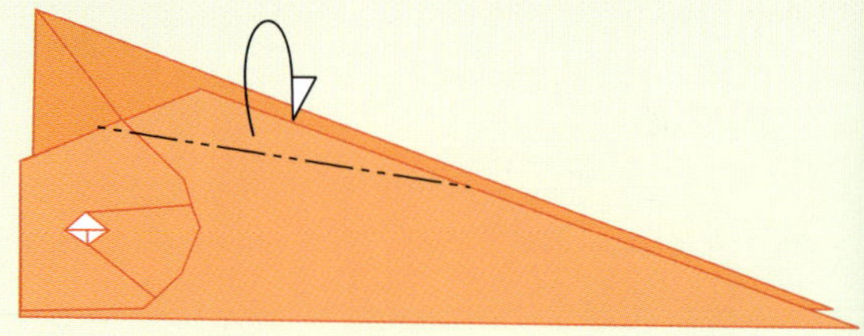

15 Plier en montagne.

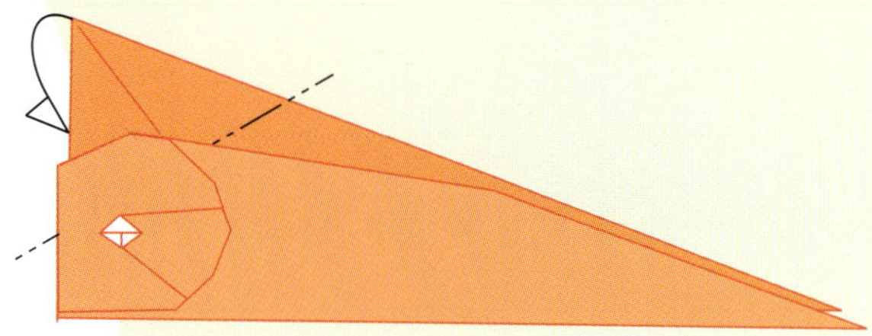

16 Plier en montagne (le volet de dessous seulement).

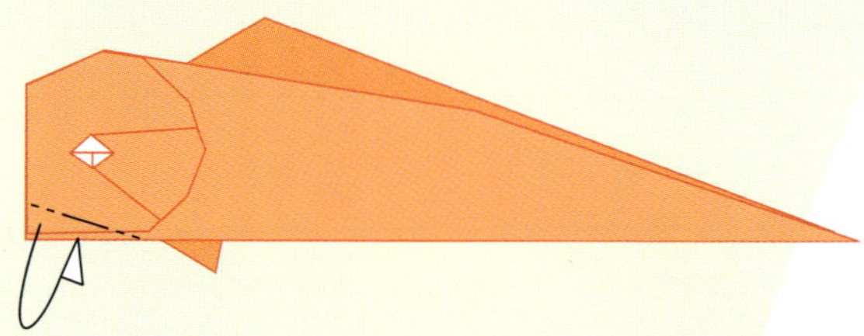

17 Plier en montagne.

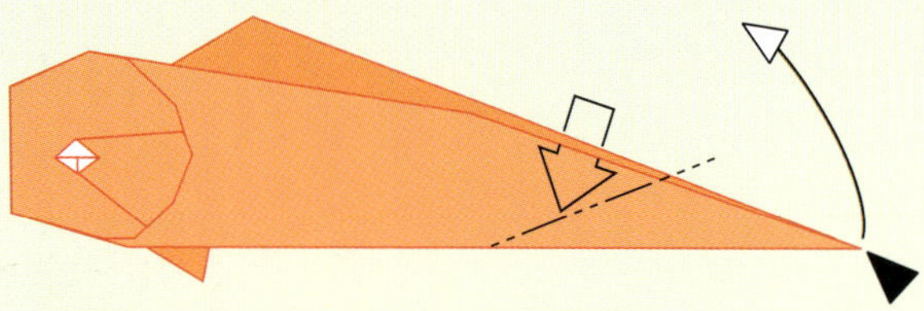

18 Effectuer un pli inversé intérieur (voir p. 8).

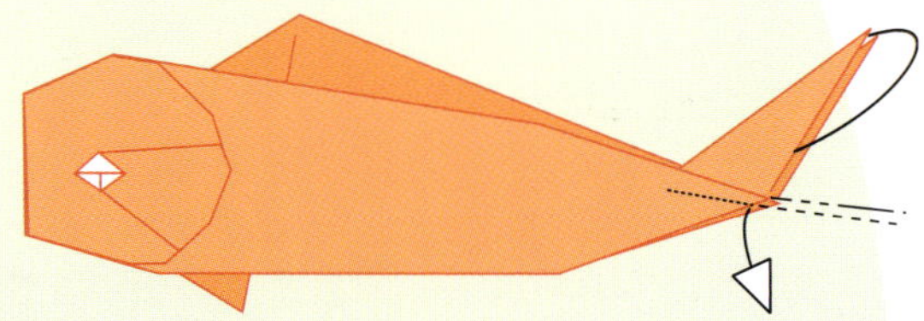

19 Effectuer un autre pli inversé intérieur (pour la pointe interne seulement).

20 La sardine est terminée.

Cigale

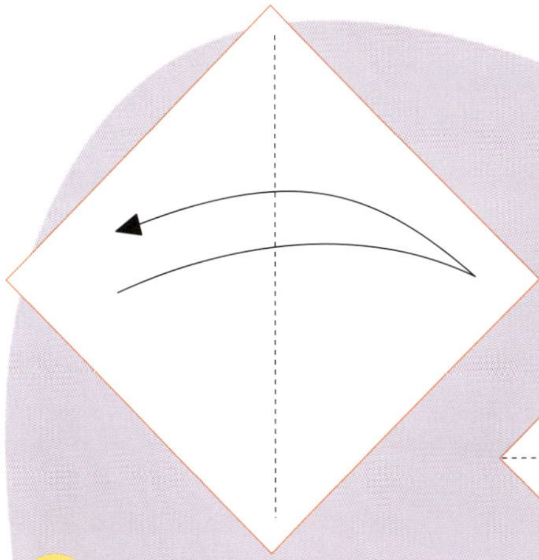

1 Marquer un pli vallée.

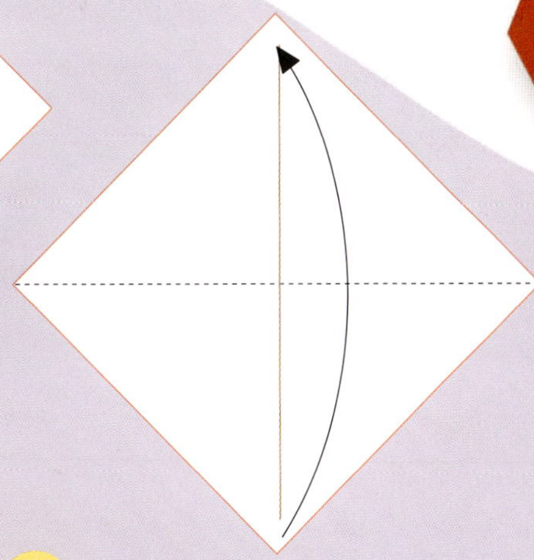

2 Plier en vallée vers le haut.

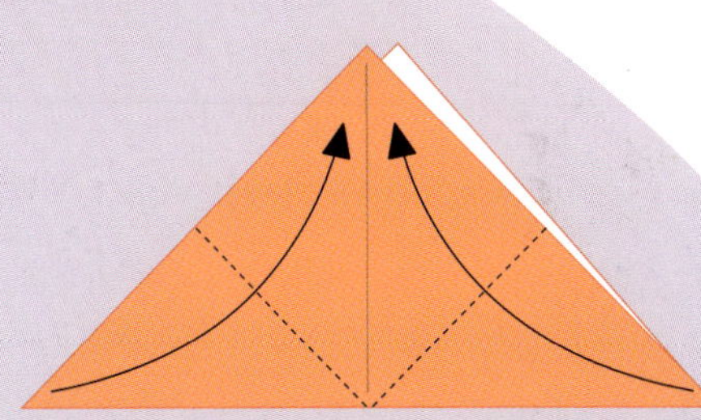

3 Plier en vallée pour amener les pointes en haut.

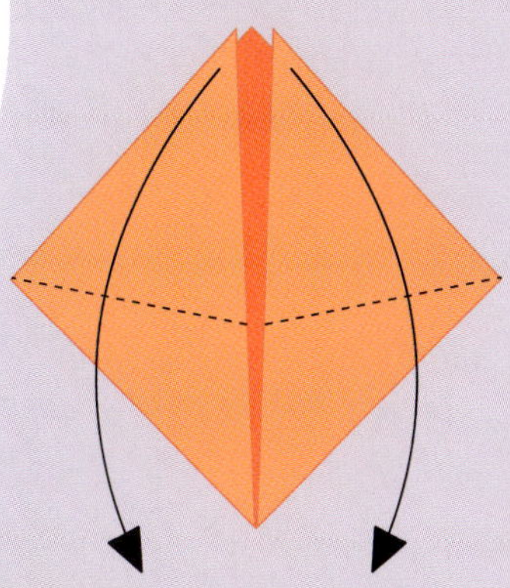

4 Plier en vallée vers le bas.

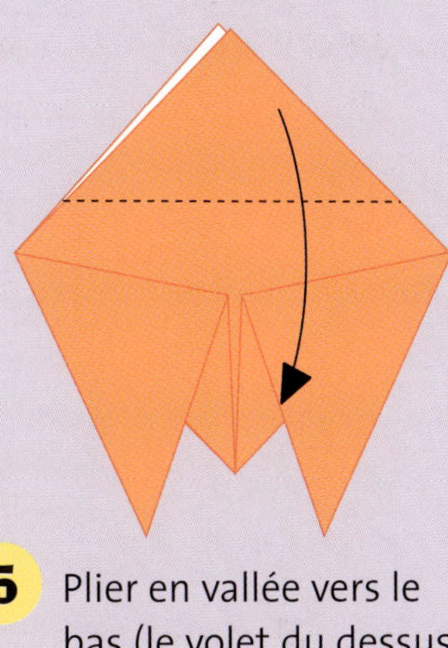

5 Plier en vallée vers le bas (le volet du dessus seulement).

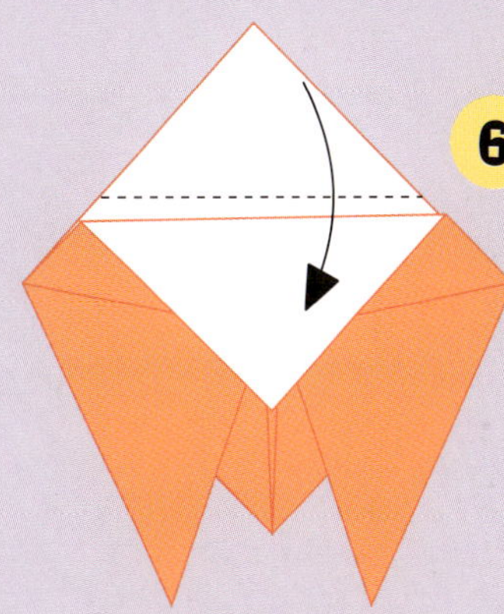

6 Plier en vallée vers le bas.

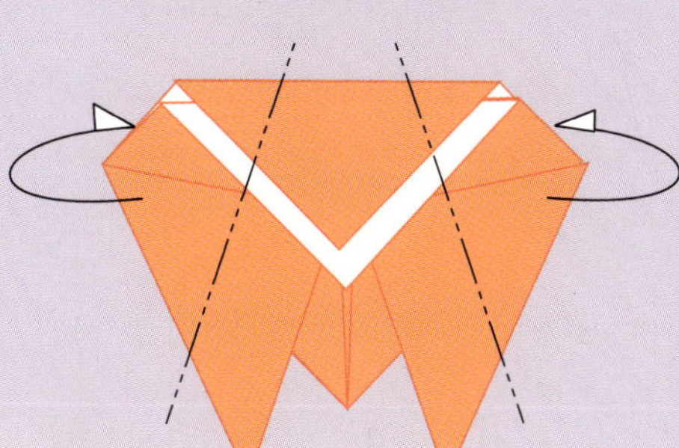

7 Plier les coins en montagne.

8 La cigale est terminée.

Volubilis

La fleur

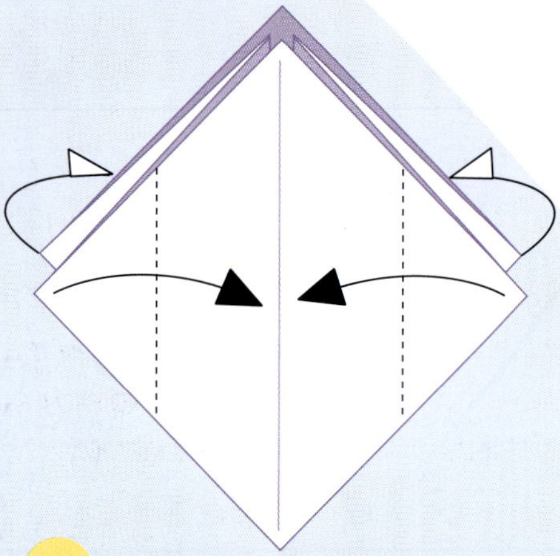

1 Commencer avec la base préliminaire (voir p. 9). Placer l'ouverture en haut. Plier les coins en vallée pour les amener sur la ligne centrale. Répéter derrière.

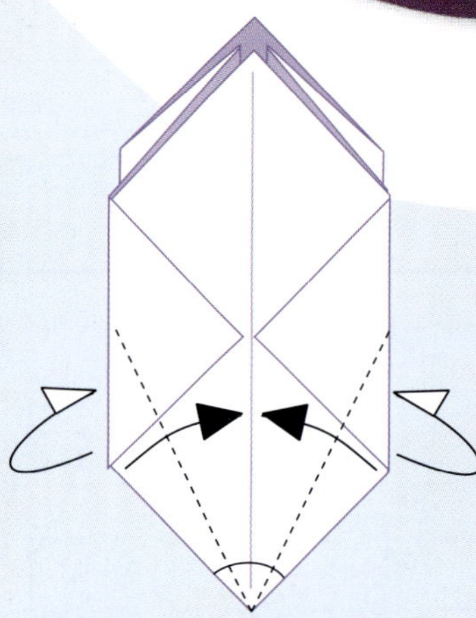

2 Plier en vallée pour amener les bords sur la ligne centrale. Répéter derrière.

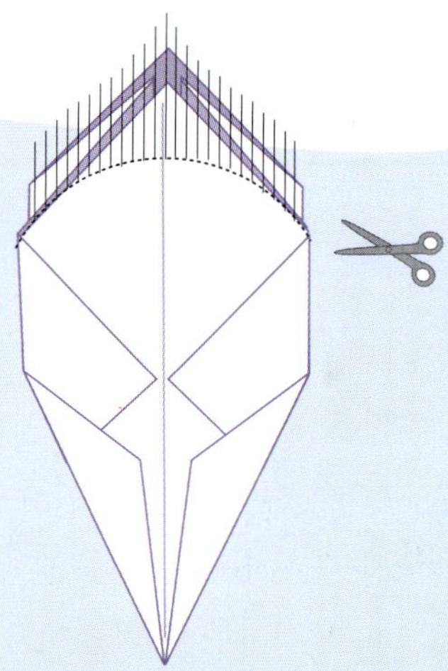

3 Découper les pointes en arrondi.

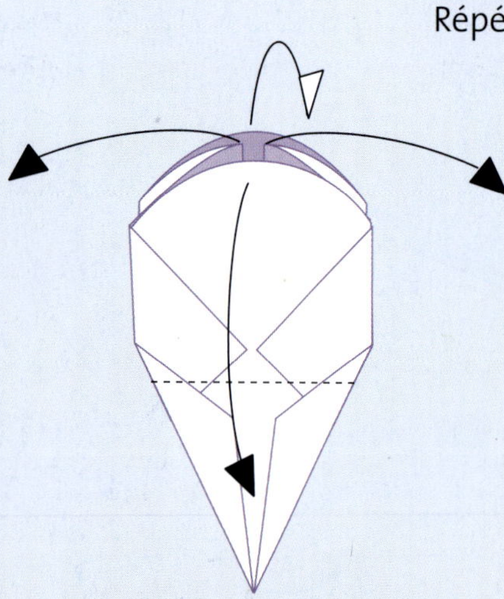

4 Plier en vallée quatre fois pour ouvrir la fleur.

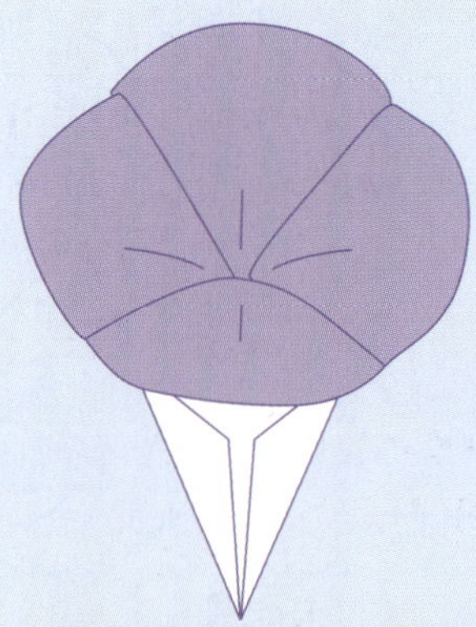

5 La fleur est terminée.

La feuille

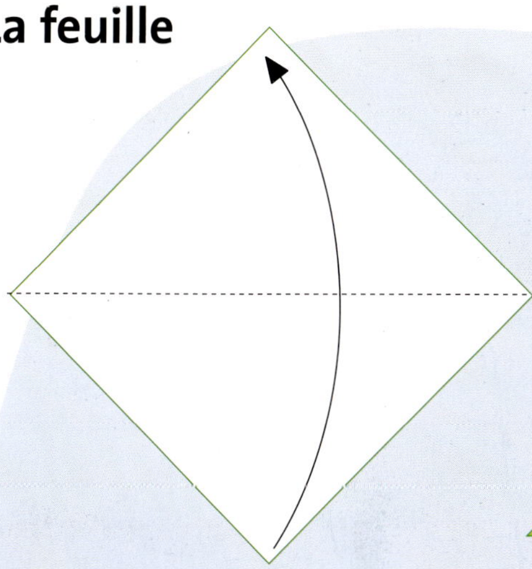

1 Plier en vallée vers le haut.

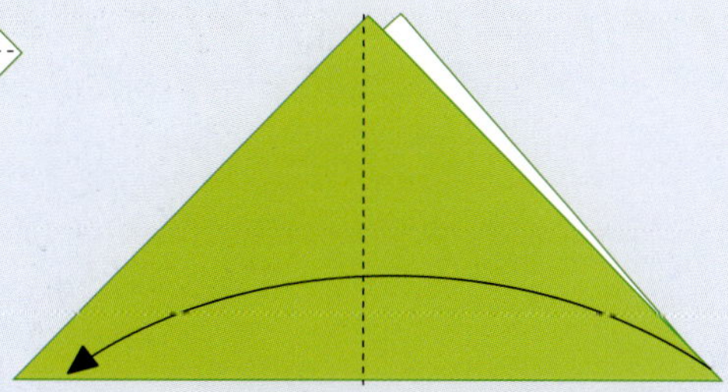

2 Plier en vallée pour amener la pointe de droite à gauche.

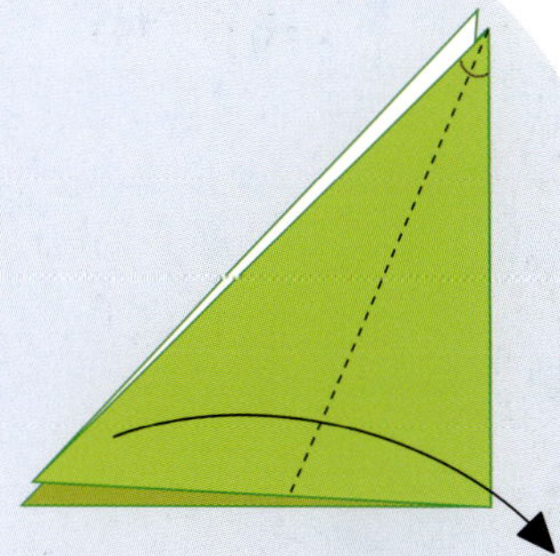

3 Plier en vallée pour amener le bord sur la verticale.

4 Retourner le modèle.

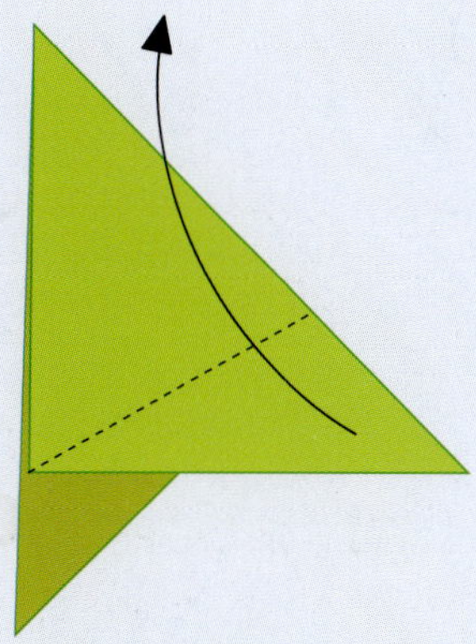

5 Plier en vallée vers le haut.

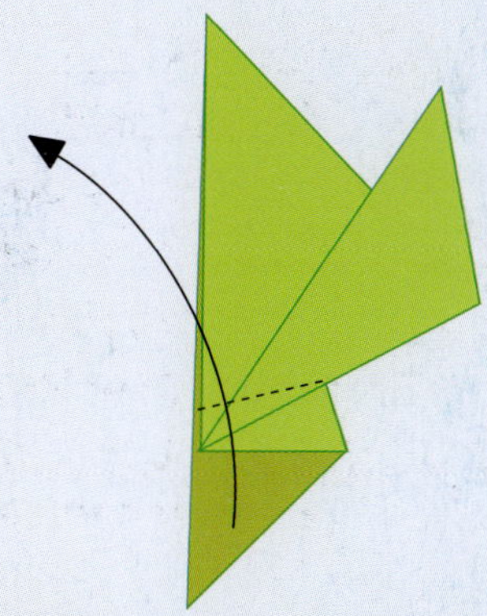

6 Plier de nouveau en vallée vers le haut.

7 Plier les deux coins en vallée, puis retourner le modèle.

8 La feuille est terminée.

9 Assembler la feuille et la fleur à l'aide d'un point de colle.

Iris

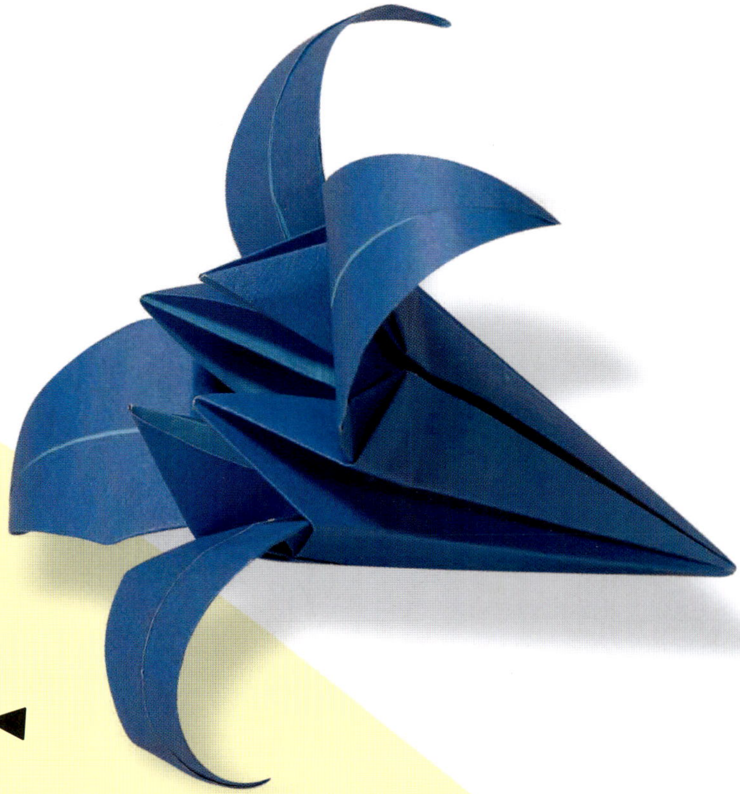

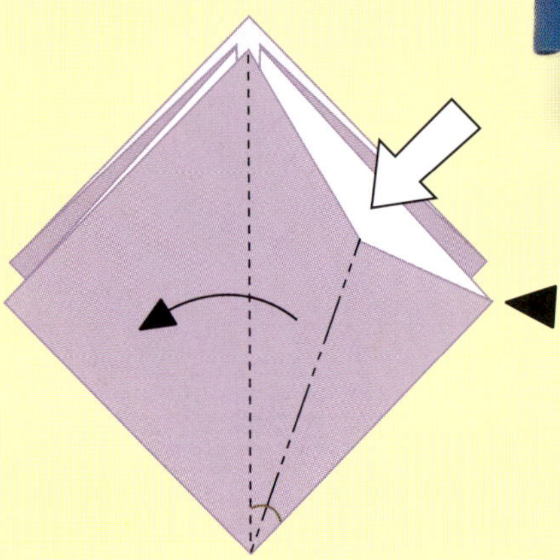

1 Commencer avec la base préliminaire (voir p. 9). Placer l'ouverture en haut. Ouvrir en rabattant vers la gauche, puis aplatir.

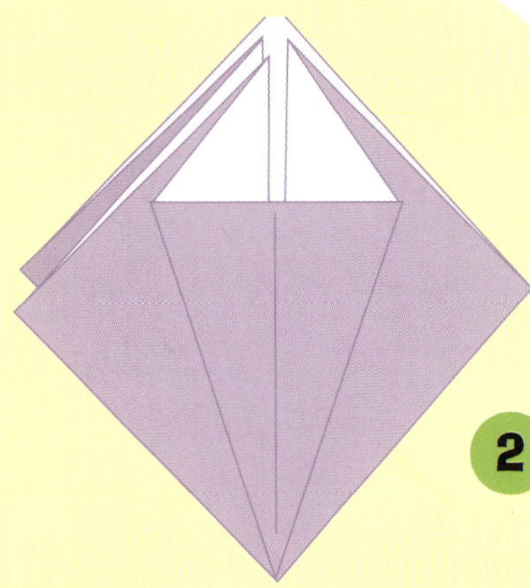

2 Répéter l'opération précédente pour les trois autres volets.

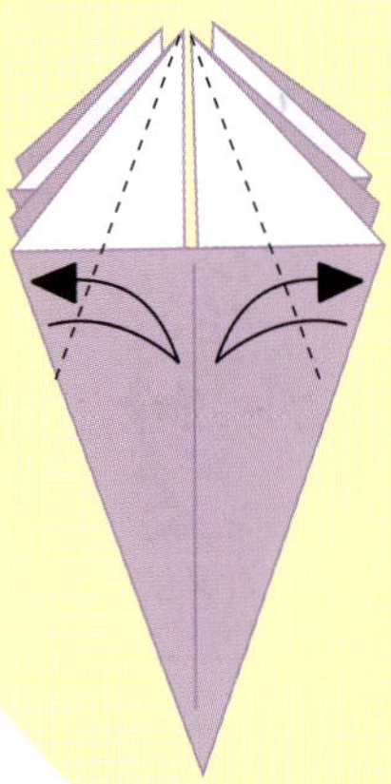

3 Marquer les plis vallée.

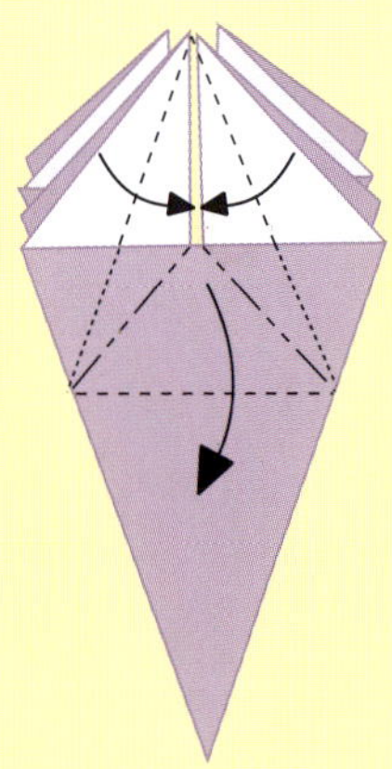

4 Simultanément, plier selon les plis déjà marqués et abaisser la partie centrale.

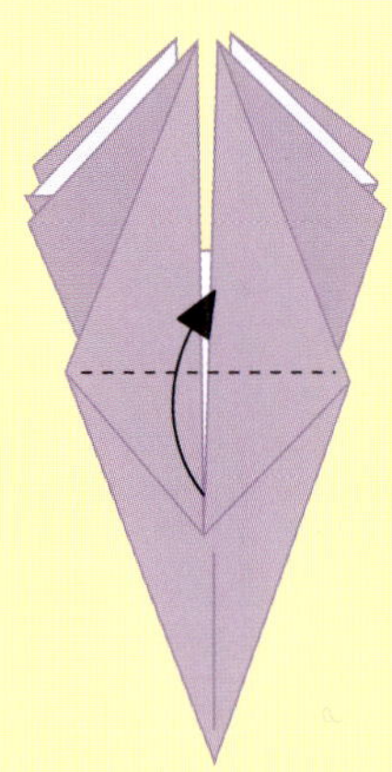

5 Plier pour remonter la petite pointe vers le haut.

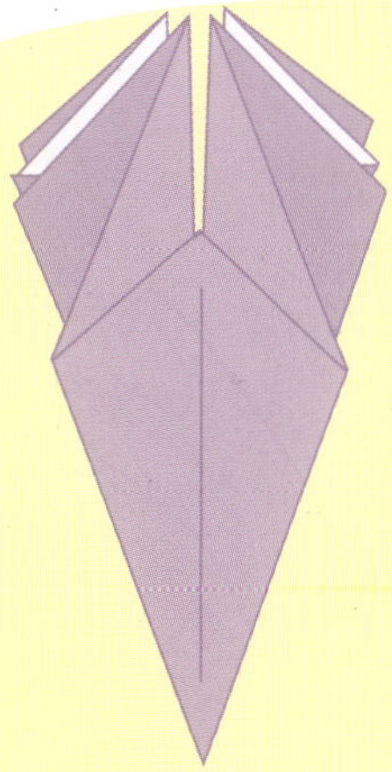

6 On obtient ceci. Répéter les étapes 3 à 5 trois fois encore.

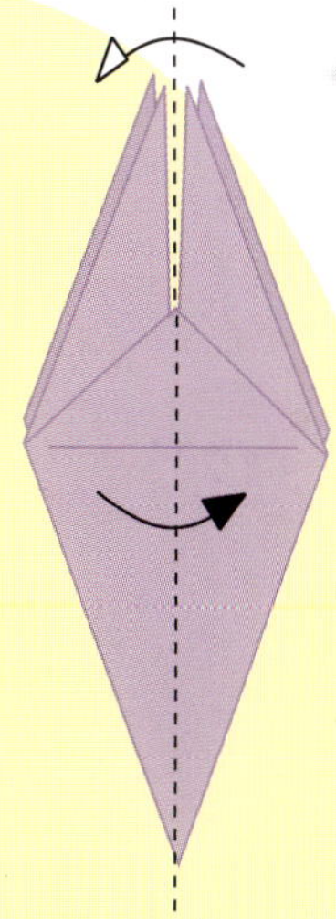

7 Dessus : plier un volet de gauche à droite. Dessous : faire l'inverse.

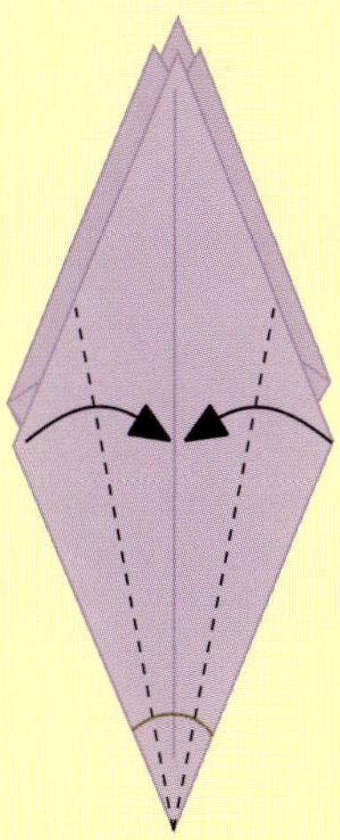

8 Plier en vallée pour amener les bords sur la ligne centrale.

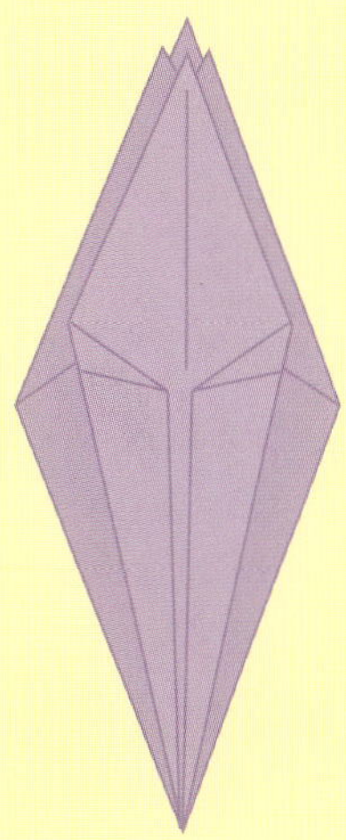

9 Répéter l'étape 8 trois fois encore.

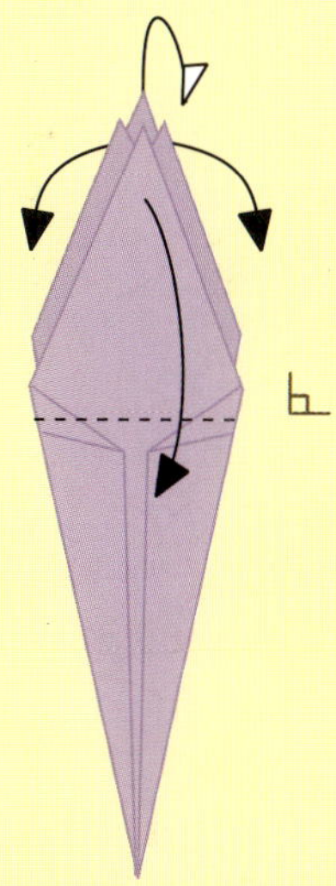

10 Réaliser quatre plis vallée à angle droit pour former les pétales.

11 L'iris est terminé.

Lis

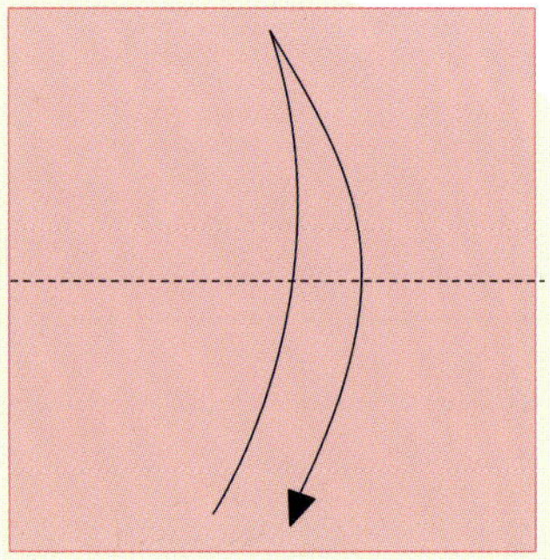

1 Marquer un pli vallée (légèrement).

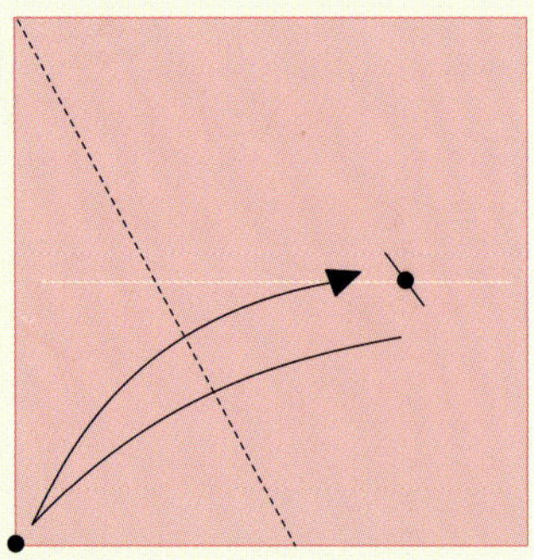

2 Marquer un pli vallée qui amène le coin en bas à gauche sur le point de la ligne centrale.

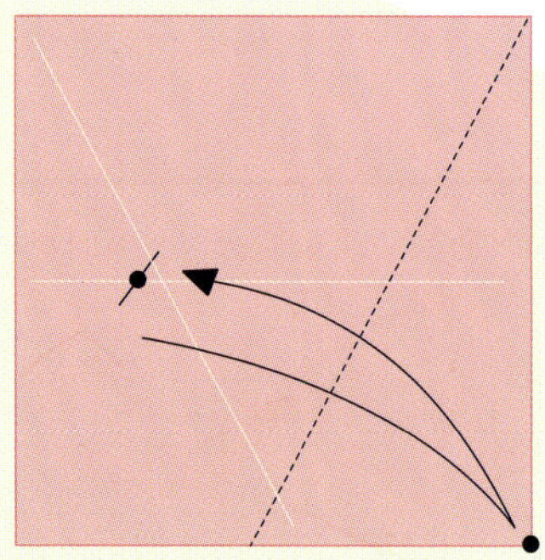

3 Marquer un pli vallée qui amène le coin en bas à droite sur le point de la ligne centrale.

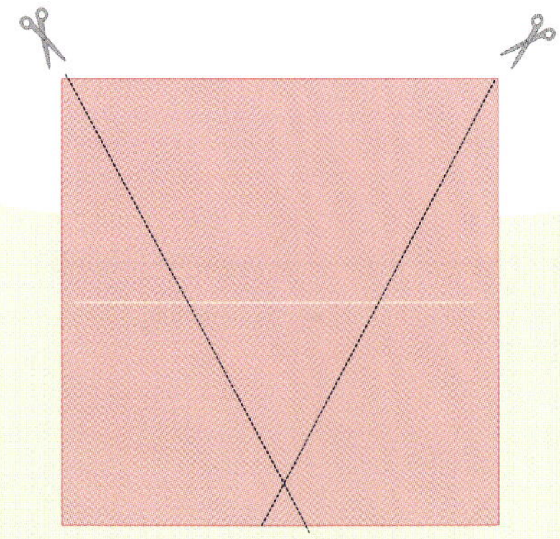

4 Découper en suivant les plis déjà marqués : on obtient un triangle équilatéral.

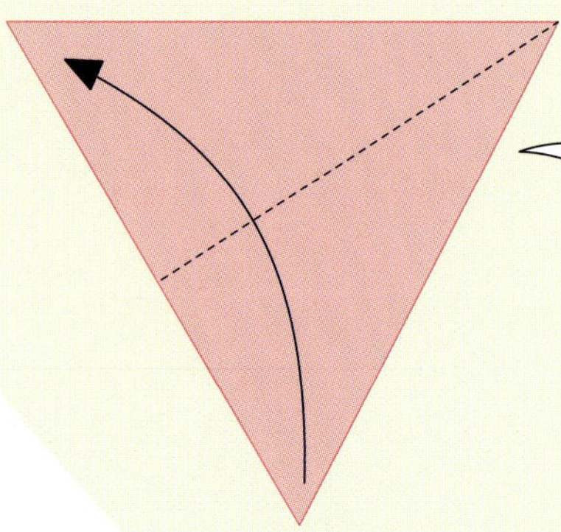

5 Plier en vallée.

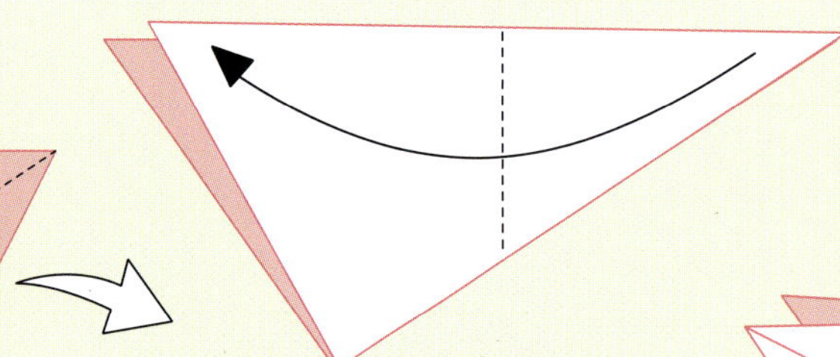

6 Plier en vallée pour amener la pointe de droite à gauche.

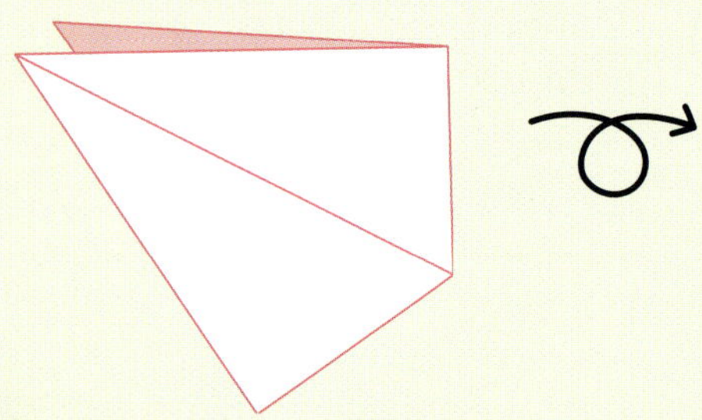

7 Retourner le modèle.

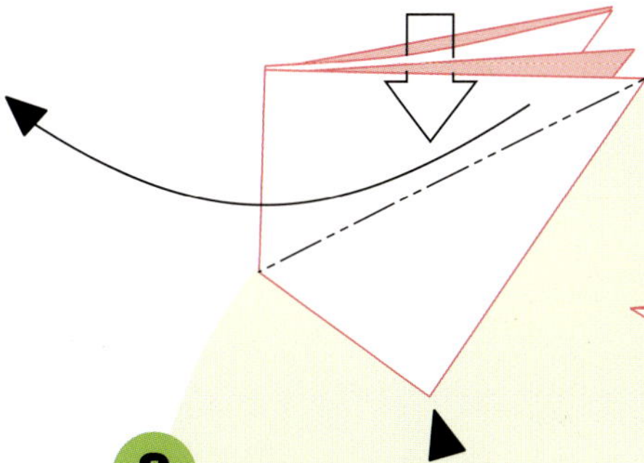

8 Pousser en pivotant vers la gauche, puis aplatir.

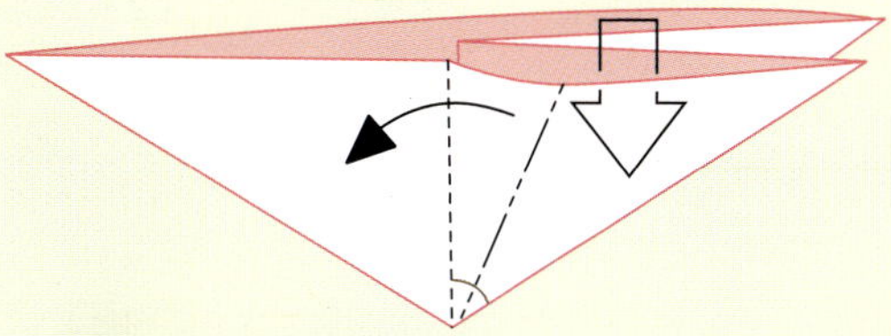

9 Ouvrir (la pochette supérieure) en pliant, puis aplatir.

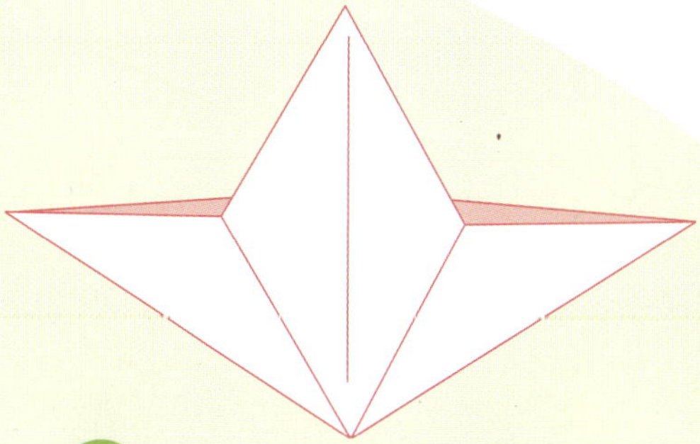

10 On obtient ceci. Répéter l'étape 9 derrière, à gauche et à droite.

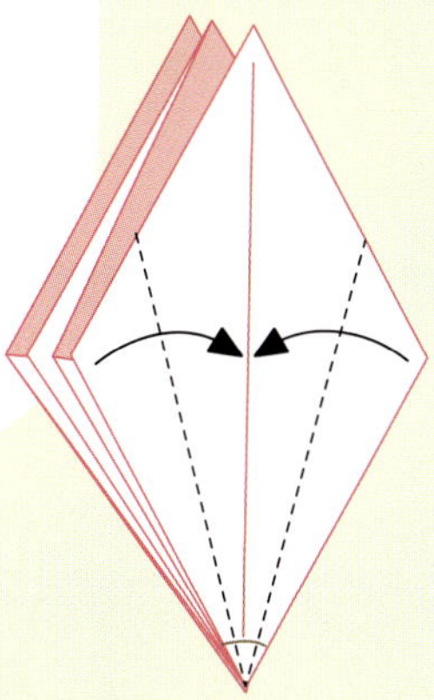

11 Plier en vallée pour amener les bords sur la ligne centrale.

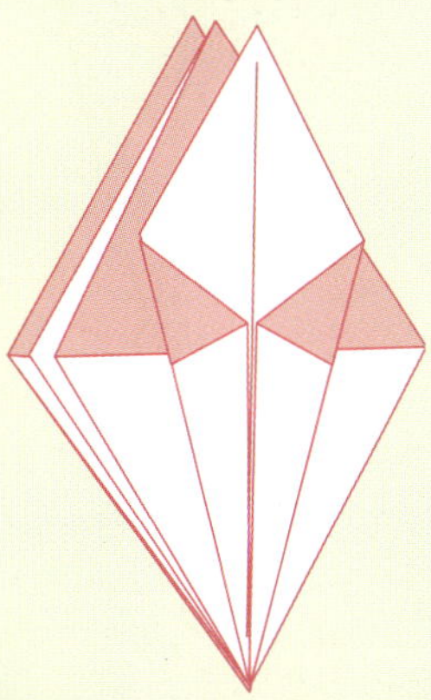

12 Répéter l'opération précédente sur les autres volets.

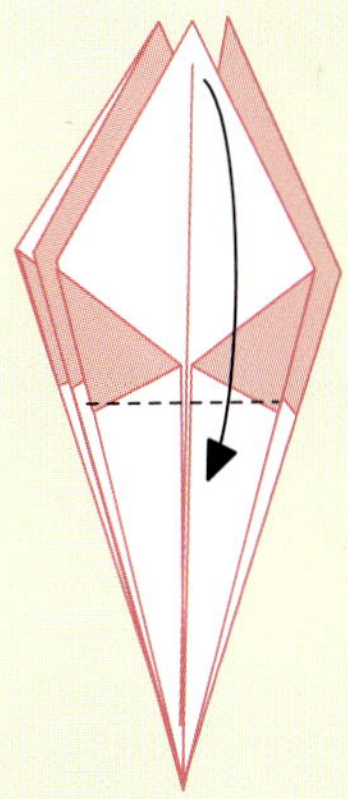

13 Plier en vallée la pointe vers le bas.

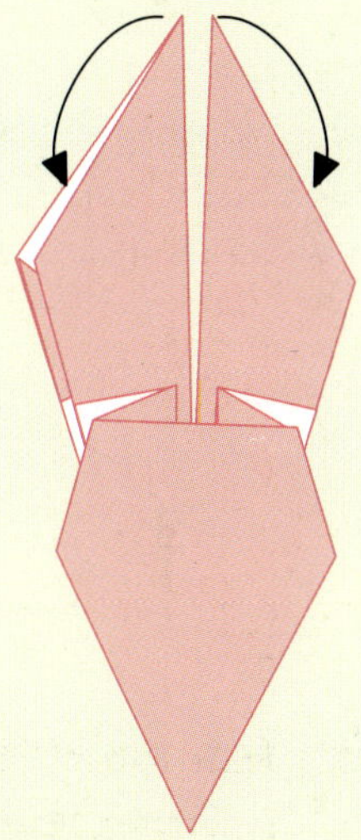

14 Plier vers le bas les deux autres pointes.

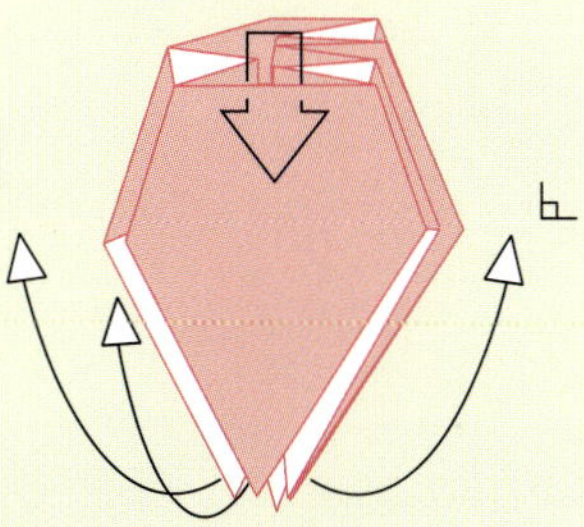

15 Ouvrir en haut et redresser les trois pointes à angle droit pour former les pétales.

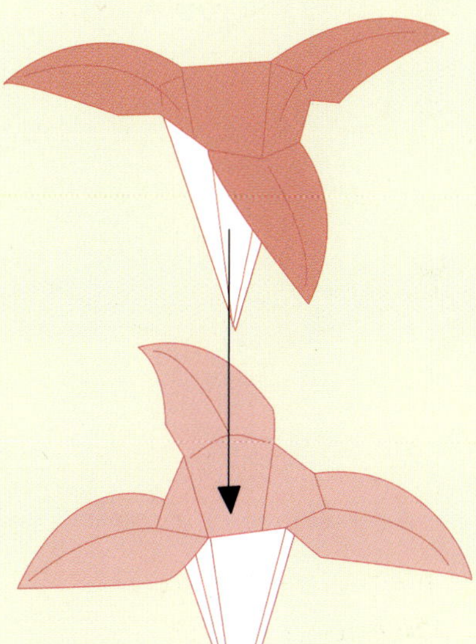

16 Plier un deuxième exemplaire et assembler.

17 Le lis est terminé.

Ananas

Le fruit

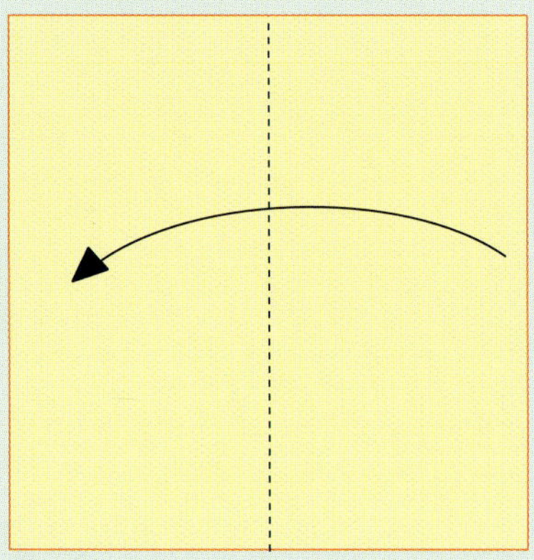

1 Plier en vallée.

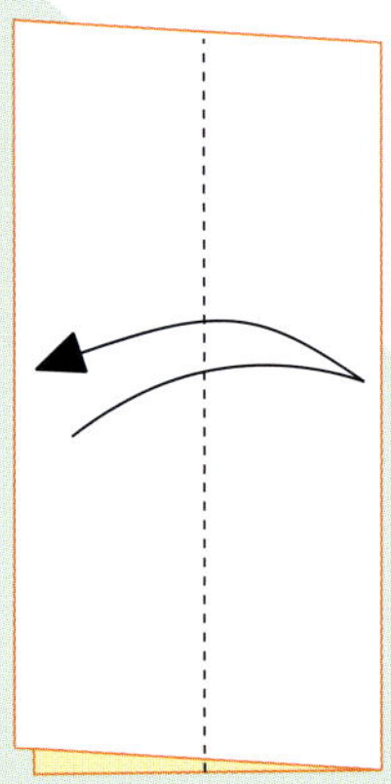

2 Marquer un pli vallée pour diviser en deux parties égales.

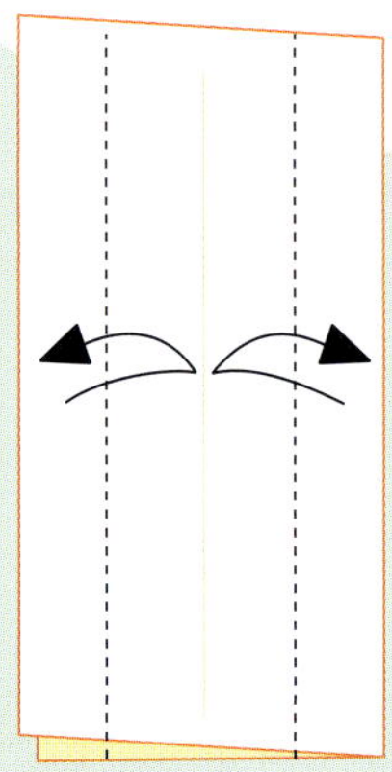

3 Marquer deux plis vallée pour diviser en quatre parties égales.

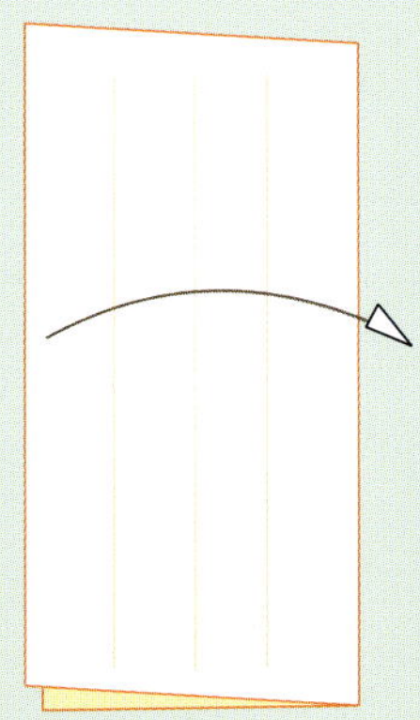

4 Déplier.

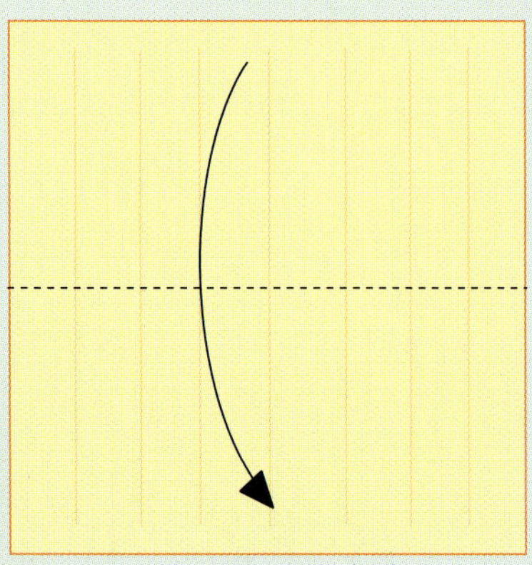

5 Plier en vallée.

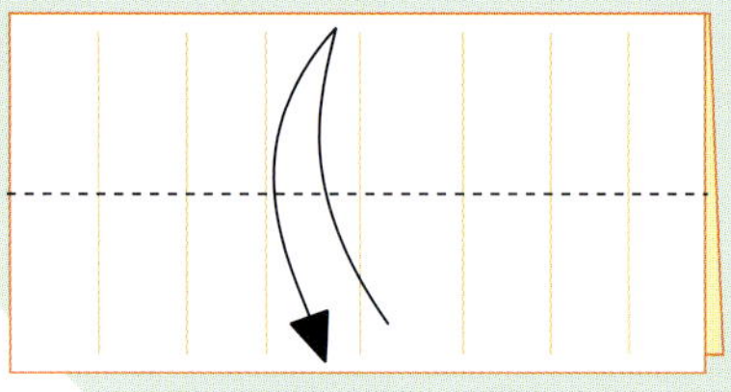

6 Marquer un pli vallée pour diviser en deux parties égales.

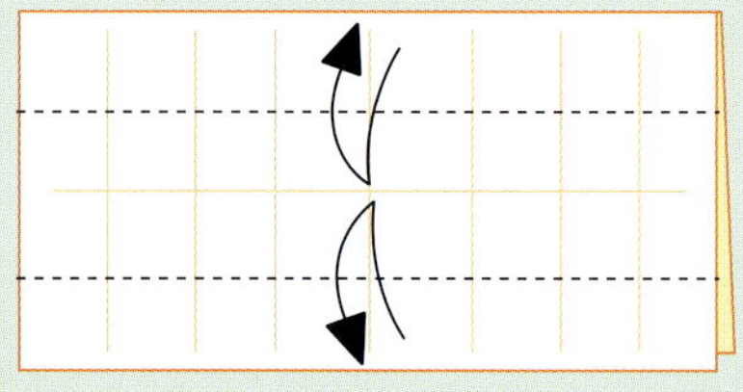

7 Marquer deux plis vallée pour diviser en quatre parties égales.

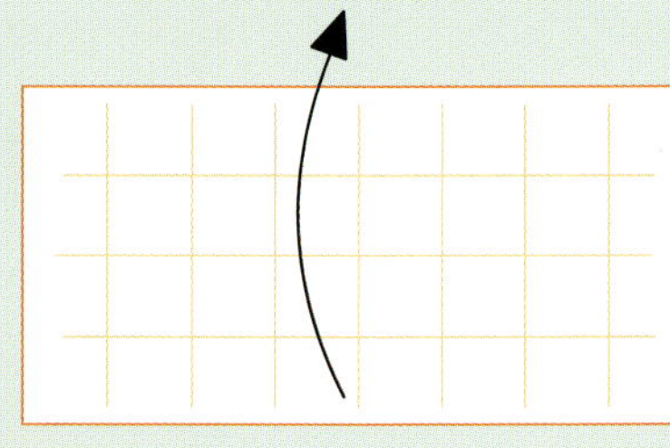

8 Déplier.

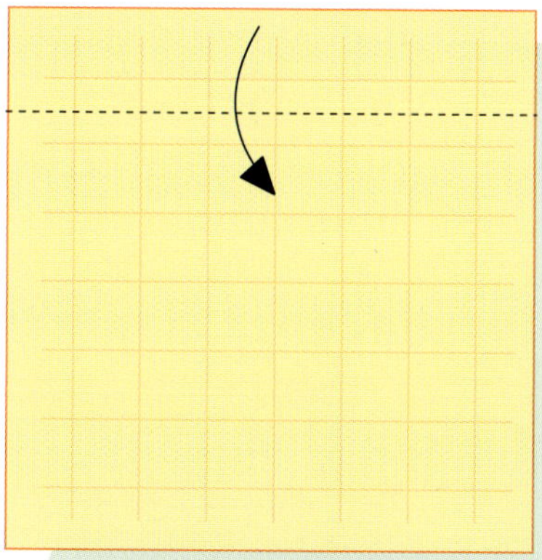

9 On obtient une grille 8 x 8. Plier en vallée pour amener le bord sur la troisième ligne.

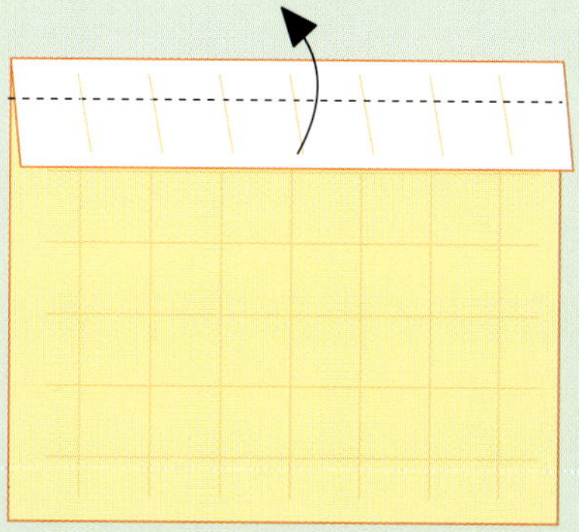

10 Plier en vallée vers le haut.

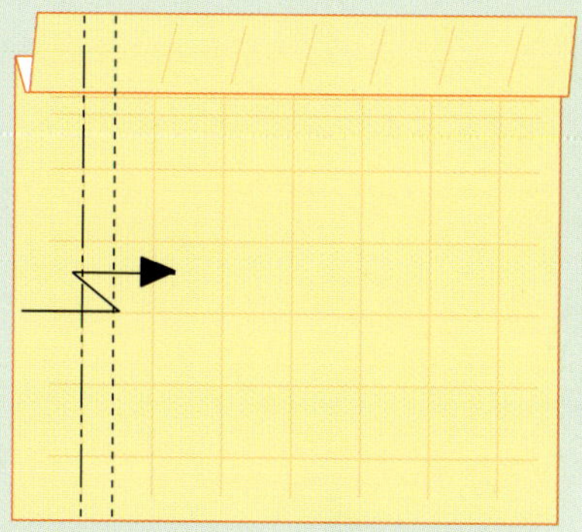

11 Effectuer un repli.

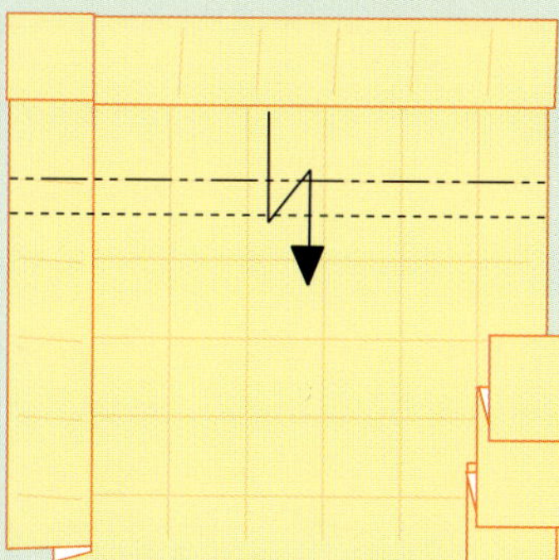

12 Effectuer un repli.

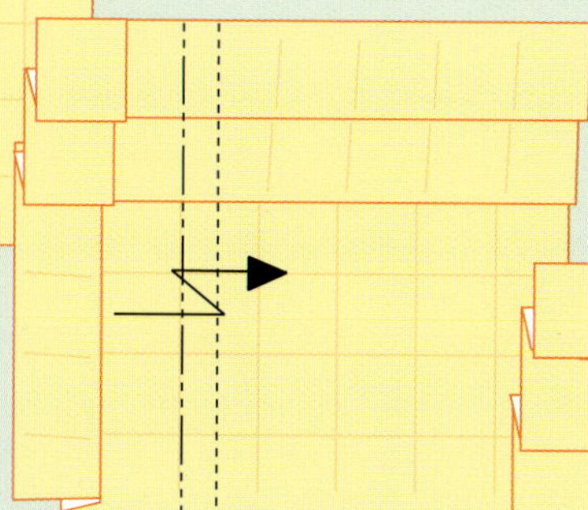

13 Effectuer un repli.

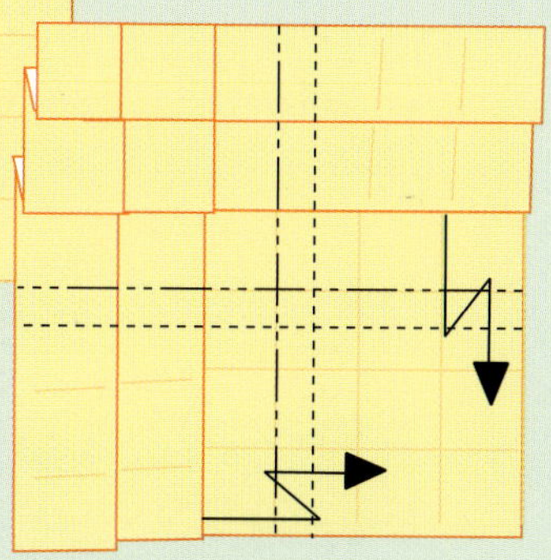

14 Effectuer deux replis successifs.

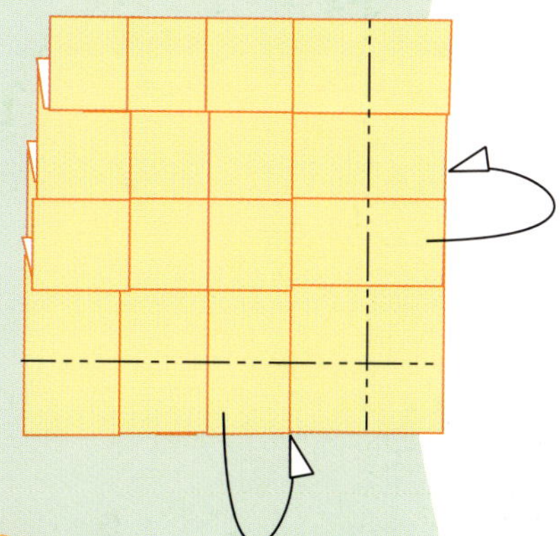

15 Plier en montagne en bas et à droite.

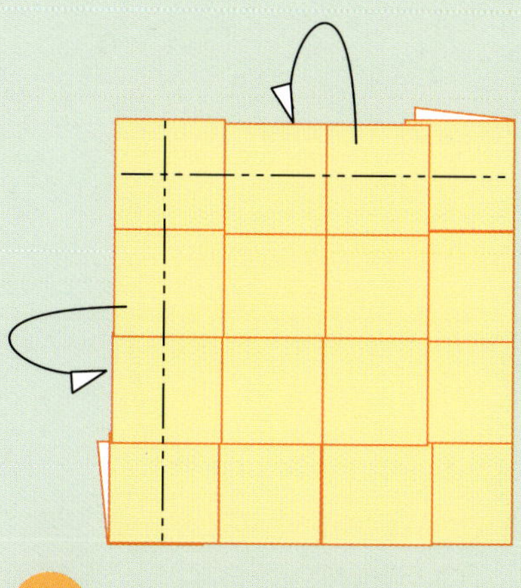

16 Plier en montagne en haut et à gauche.

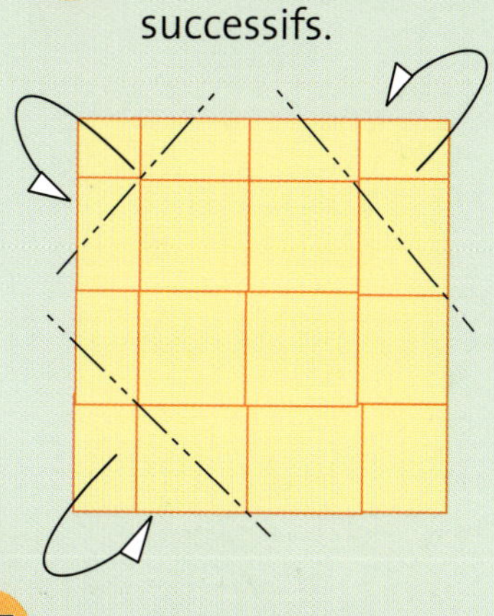

17 Plier les trois coins en montagne.

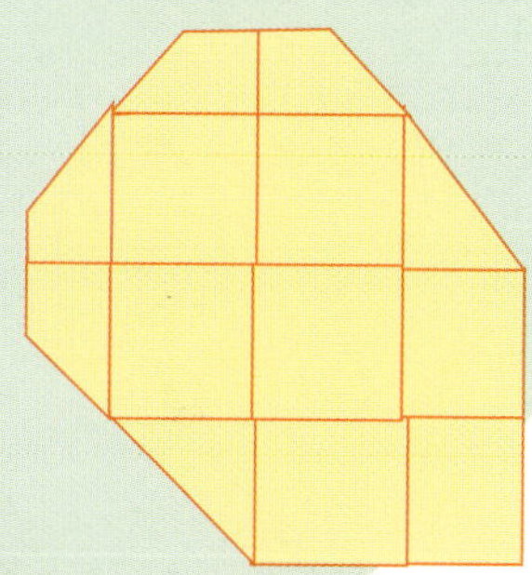

18 Le fruit est terminé. Tourner la page.

La feuille

1 Couper la feuille en quatre.

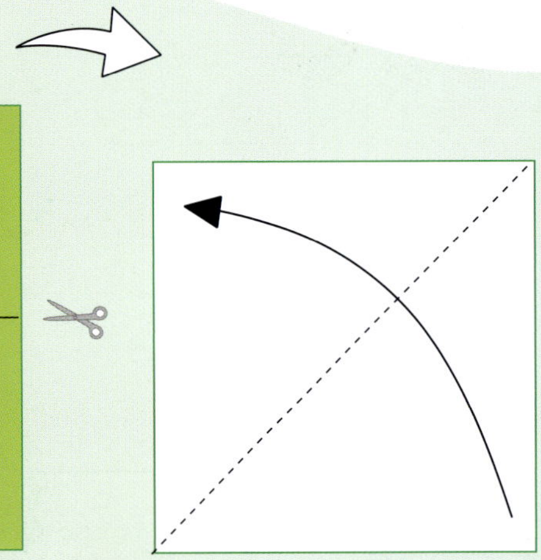

2 Prendre un des petits carrés, face blanche vers soi. Plier en vallée.

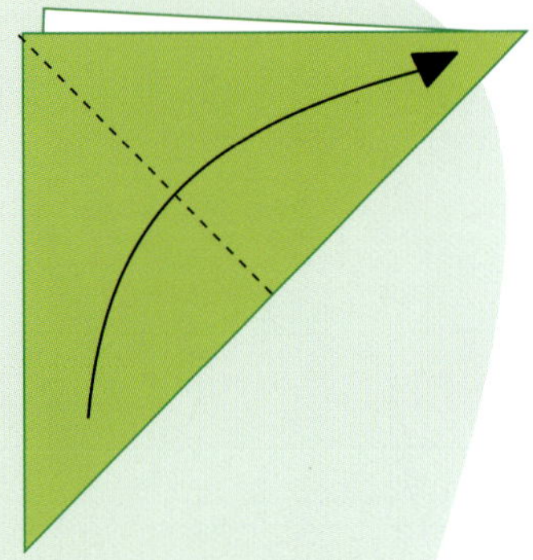

3 Plier en vallée.

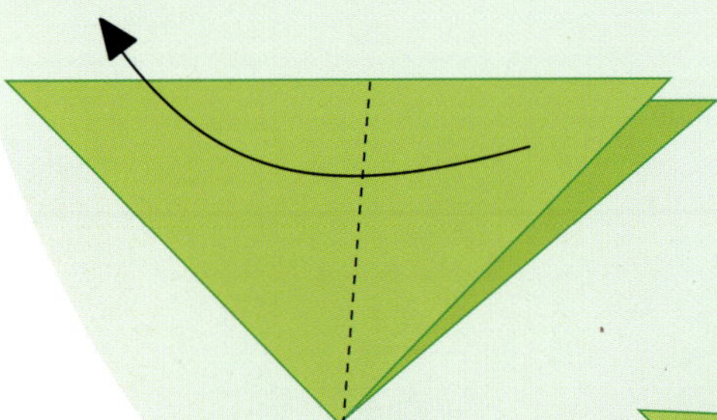

4 Plier en vallée.

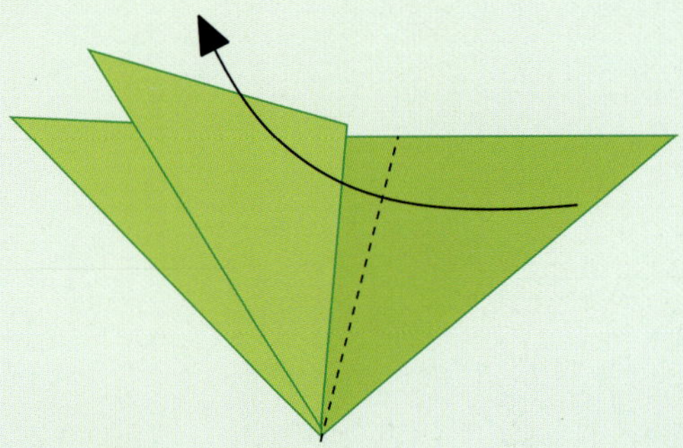

5 Plier en vallée.

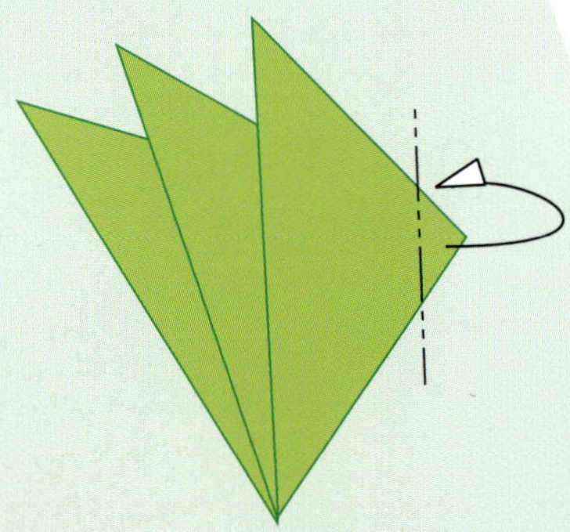

6 Plier en montagne.

7 La feuille est terminée.

8 Insérer la pointe de la feuille dans une pochette au dos du fruit.

Carotte

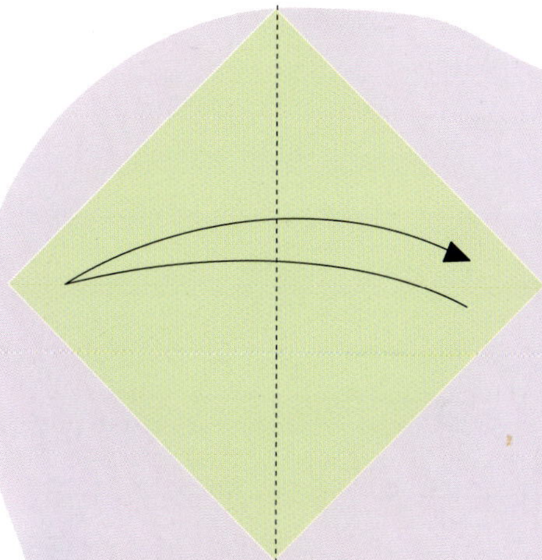

1 Marquer un pli vallée

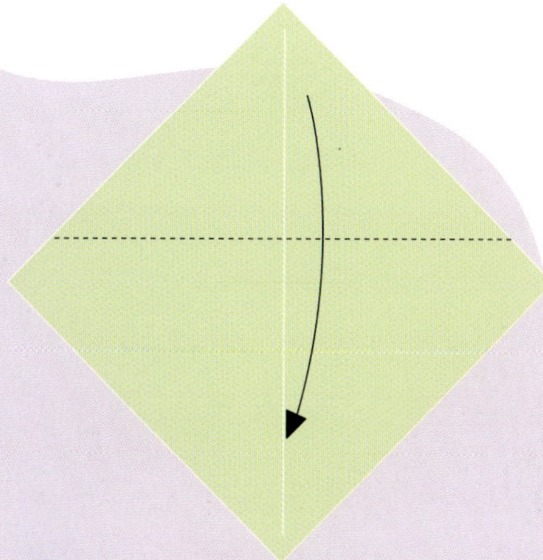

2 Plier en vallée.

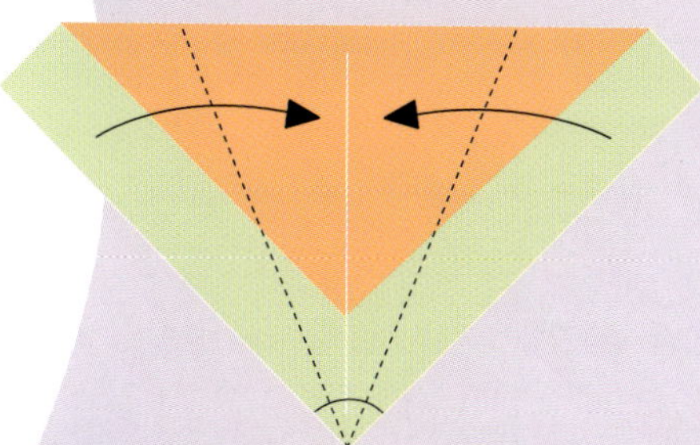

3 Plier en vallée pour amener les bords sur la ligne centrale.

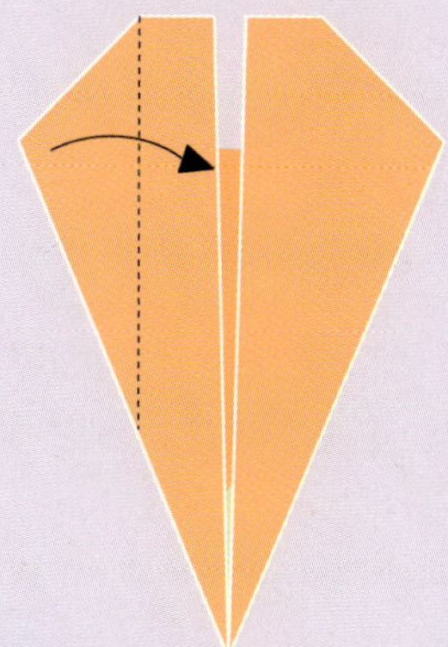

4 Plier en vallée.

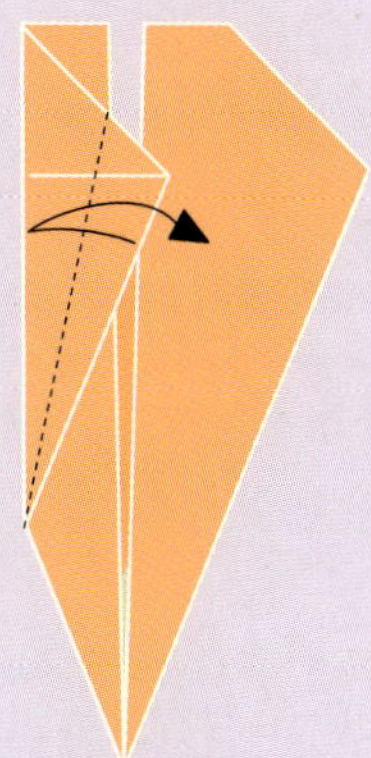

5 Marquer un pli vallée.

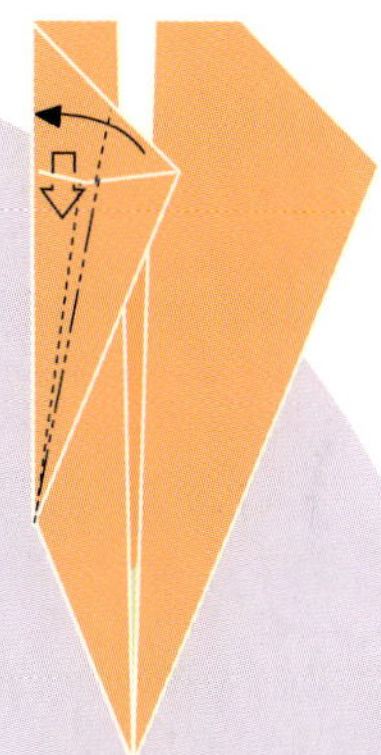

6 Ouvrir, puis rabattre vers la gauche en aplatissant.

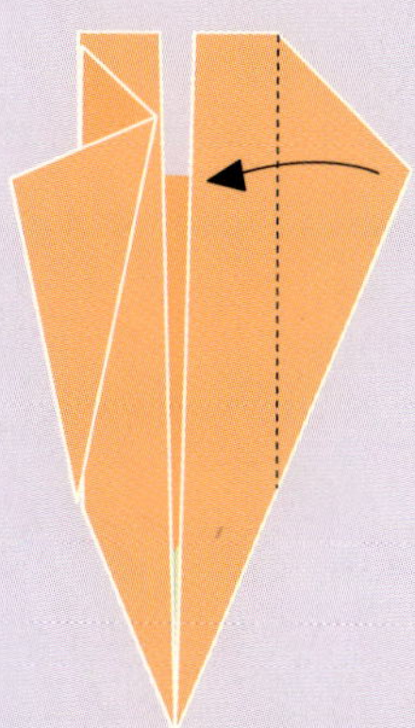

7 Répéter les étapes 4 à 6 à droite.

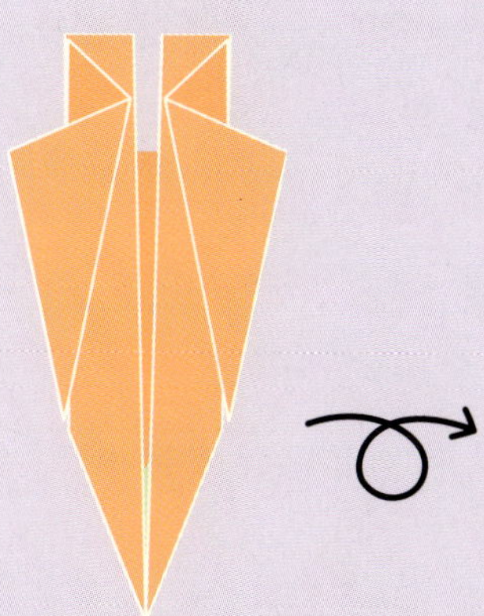

8 On obtient ceci. Retourner le pliage.

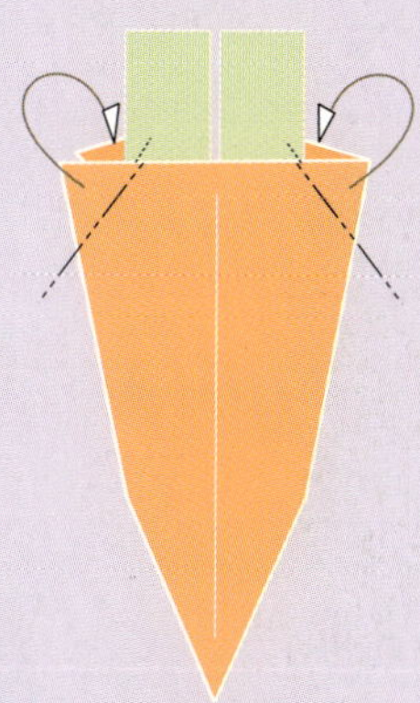

9 Plier les coins en montagne

10 La carotte est terminée.

Chemise

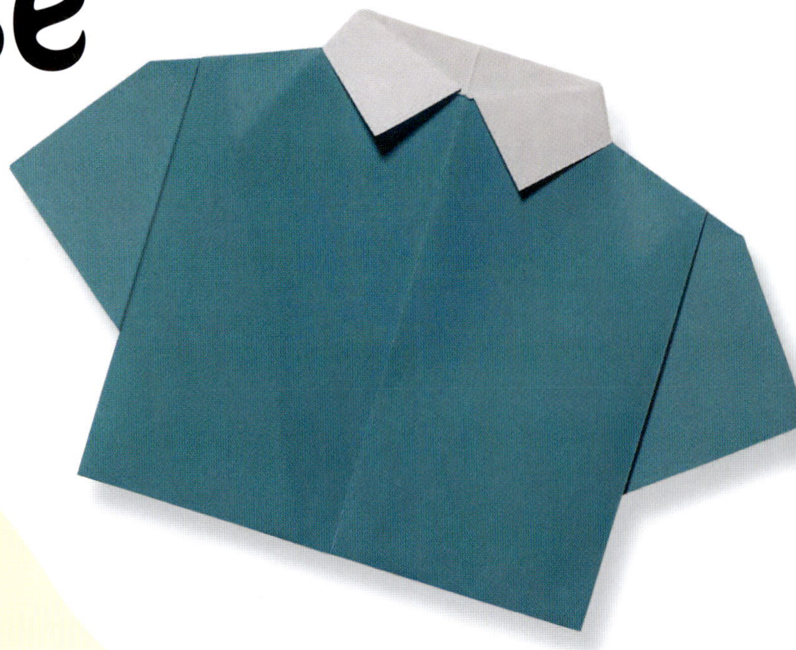

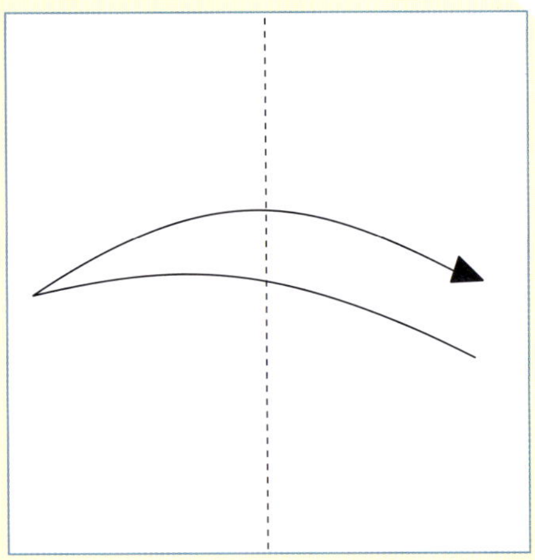

1 Marquer un pli vallée.

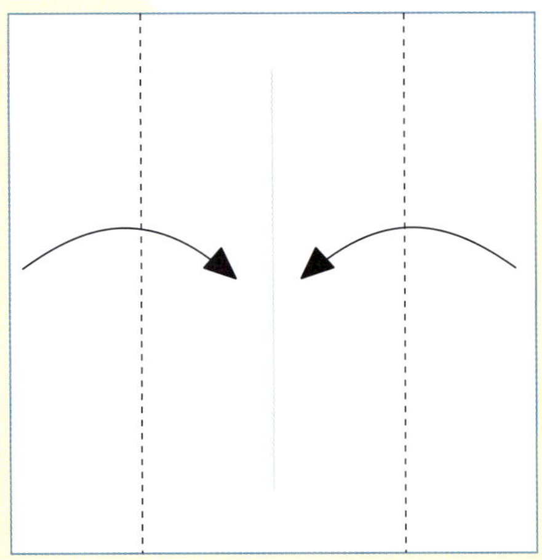

2 Plier en vallée pour amener les bords sur la ligne centrale.

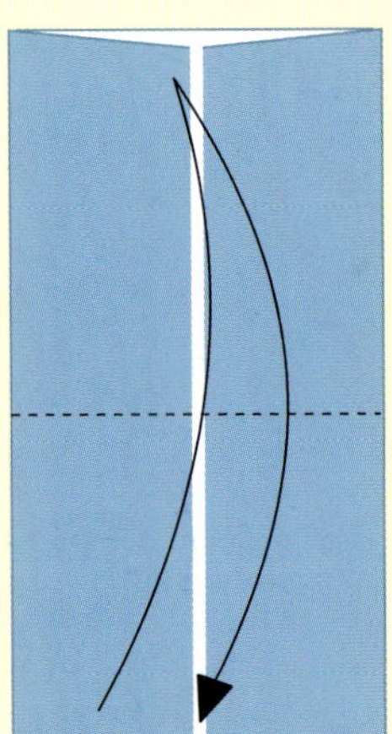

3 Marquer légèrement un pli vallée.

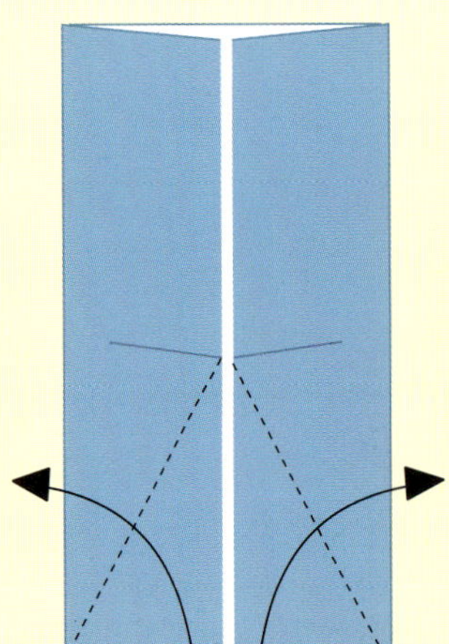

4 Plier en vallée pour ouvrir depuis le centre.

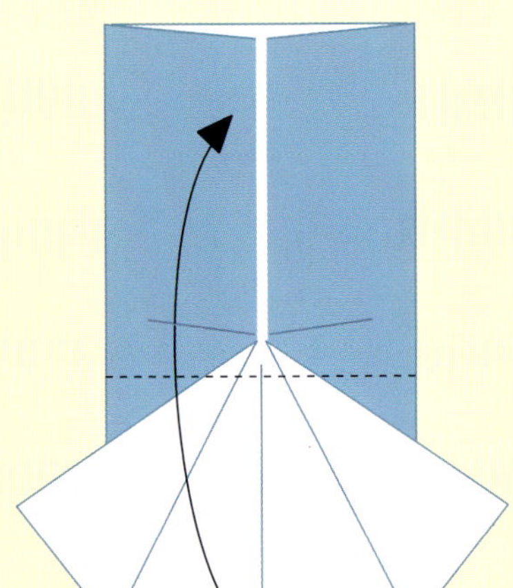

5 Plier en vallée vers le haut.

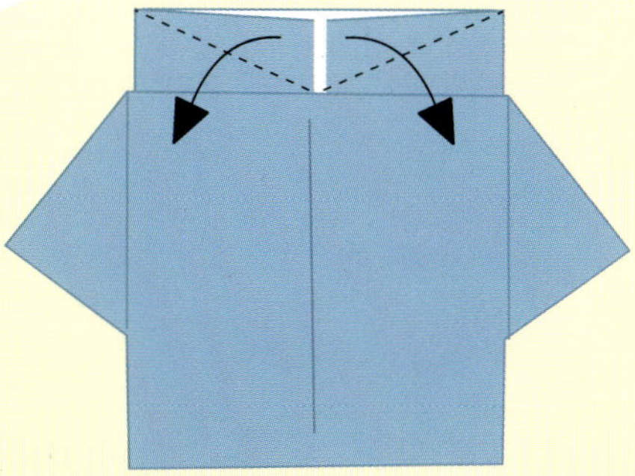

6 Plier les coins en vallée.

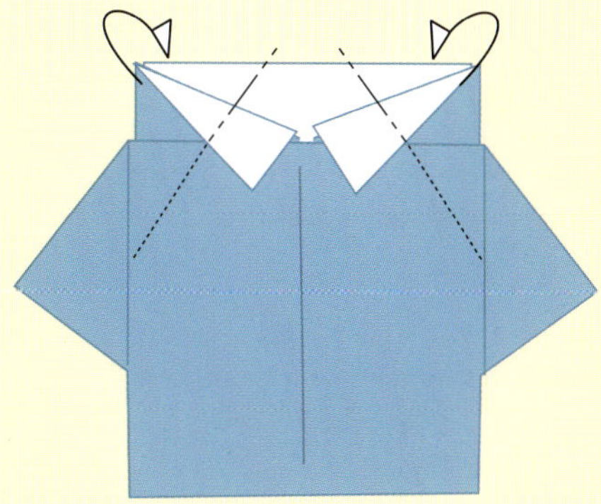

7 Plier les coins en montagne, puis retourner le pliage.

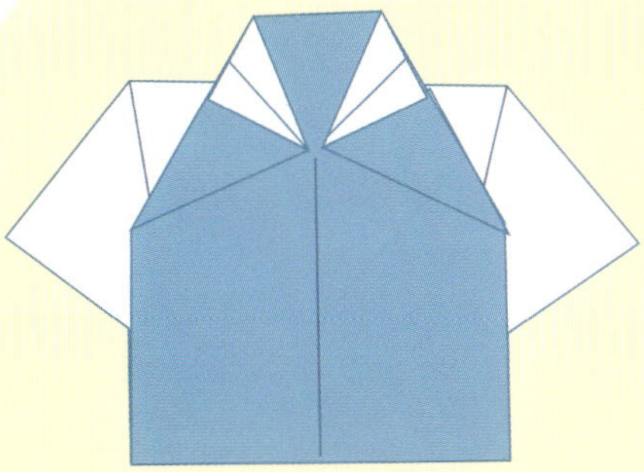

8 Les deux pointes au centre doivent se toucher. Retourner le pliage.

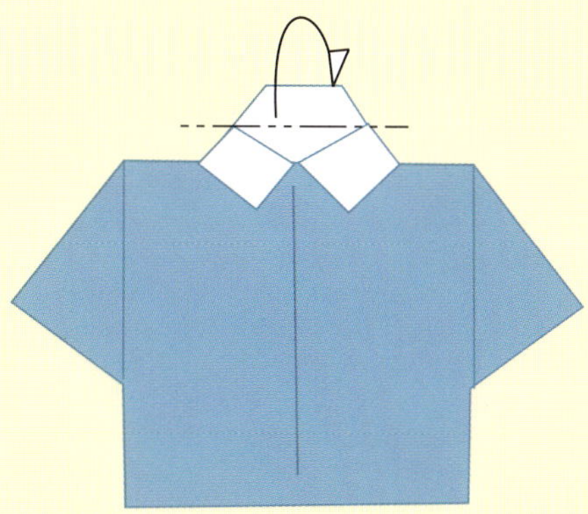

9 Plier en montagne.

10 Plier les coins en montagne.

11 La chemise est terminée.

Kimono

1 Diviser une feuille carrée en trois parties égales et en découper une.

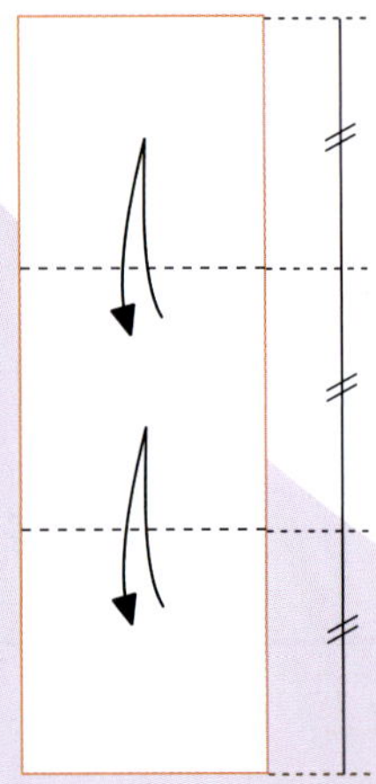

2 Diviser le rectangle obtenu en trois parties égales.

3 Plier en montagne.

4 Plier deux fois en vallée.

Vue agrandie :

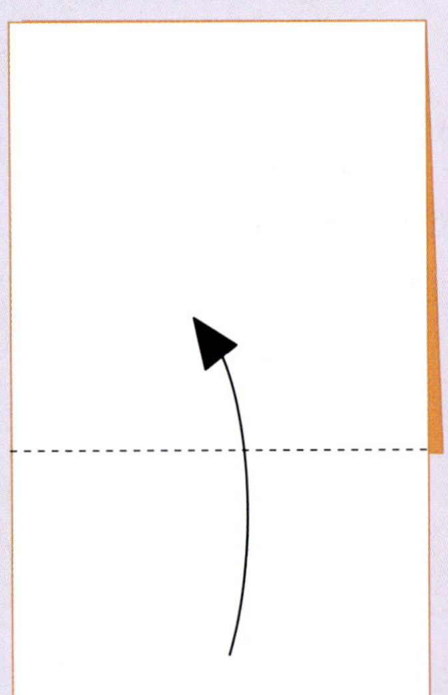

5 Plier en vallée.

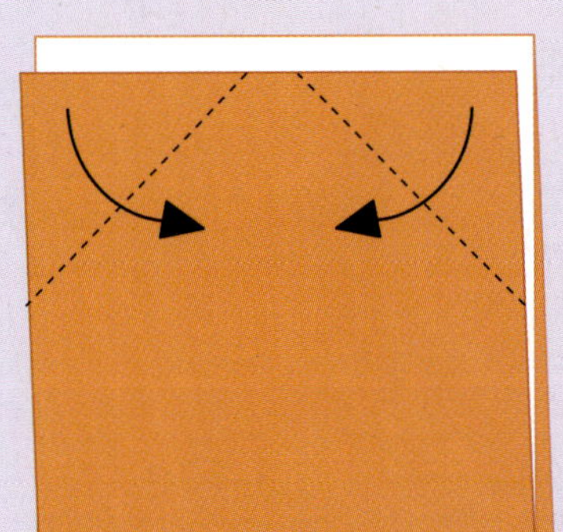

6 Plier en vallée symétriquement.

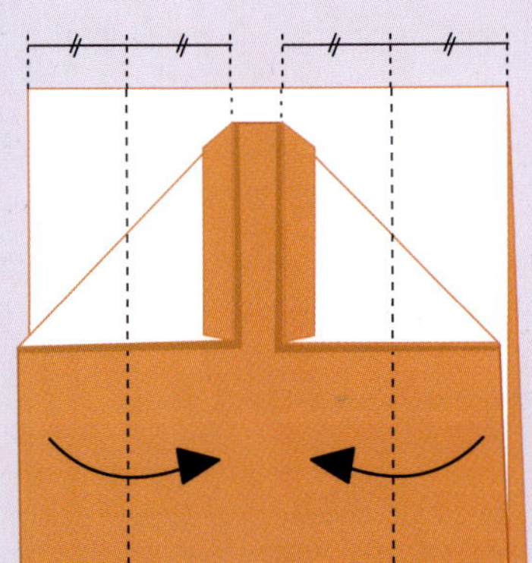

7 Plier en vallée symétriquement.

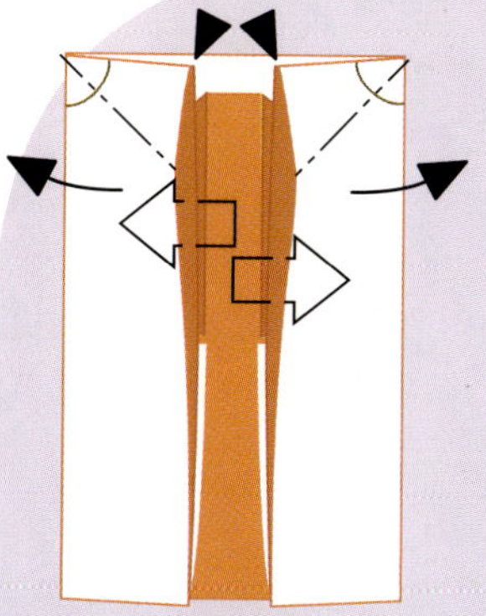

8 Ouvrir et pivoter, puis aplatir.

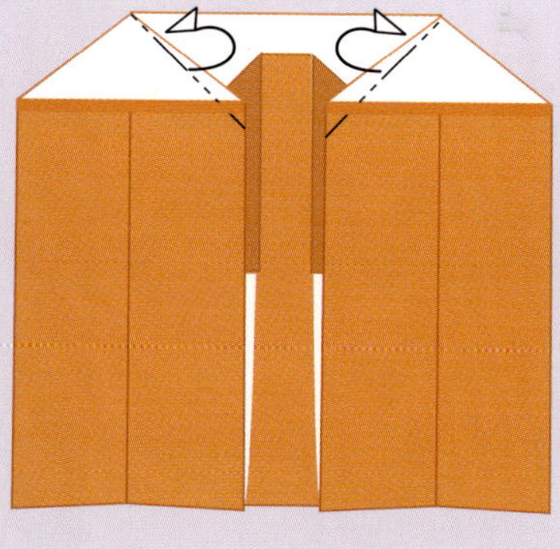

9 Plier en montagne.

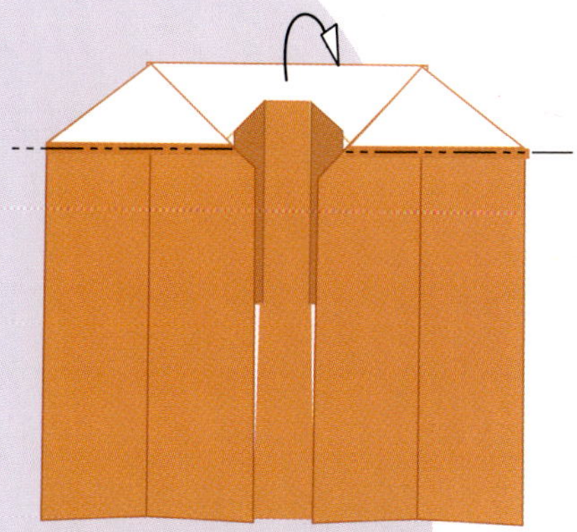

10 Plier en montagne (sauf au niveau du col).

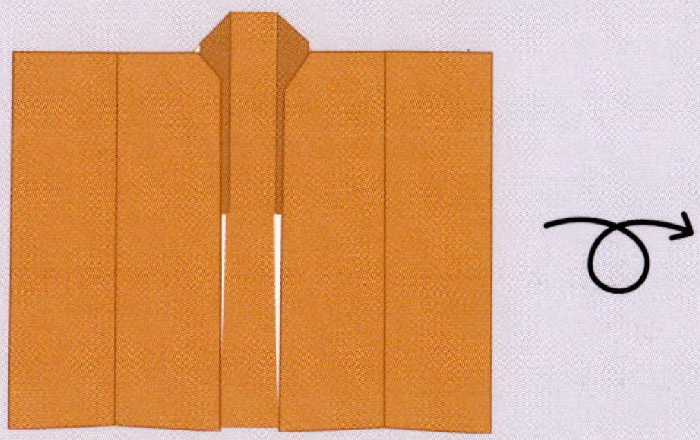

11 Retourner le modèle.

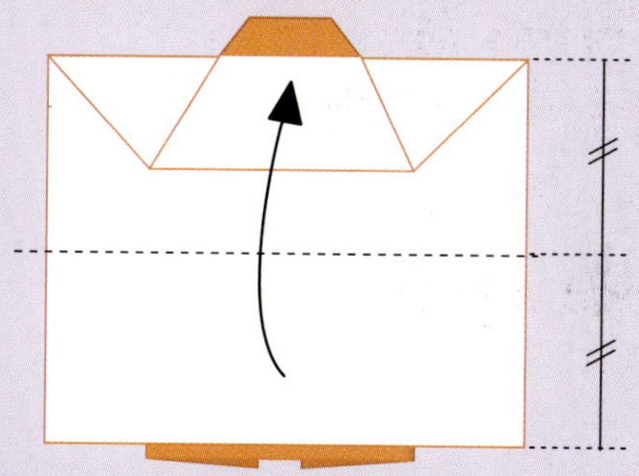

12 Plier en vallée pour insérer sous le volet du haut.

13 Retourner le modèle.

14 Passer le col au-dessus (aucun nouveau pli n'est nécessaire pour cela).

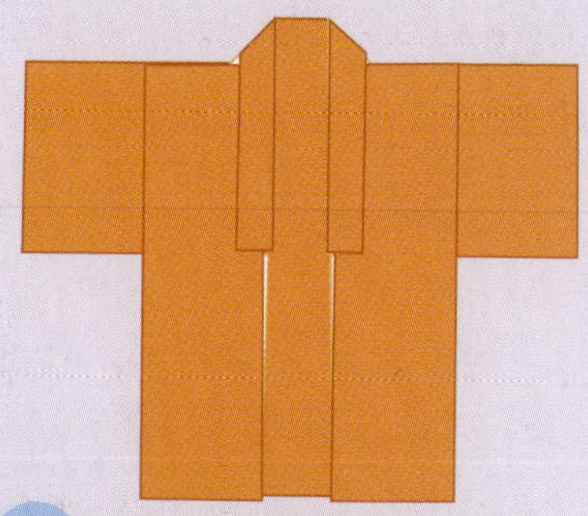

15 Le kimono est terminé.

Pantalon

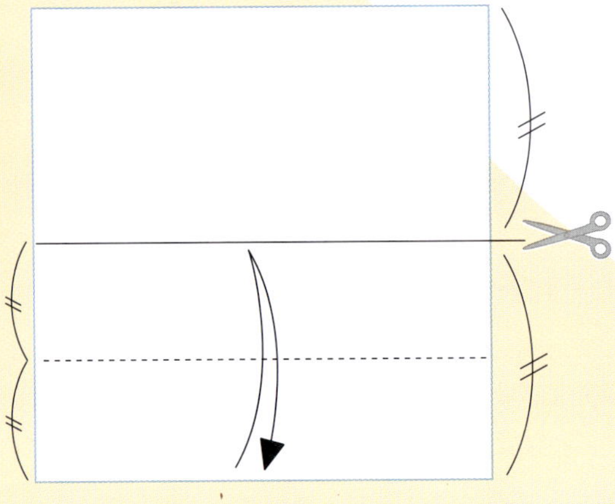

1 Couper une feuille carrée en deux, puis marquer un pli vallée.

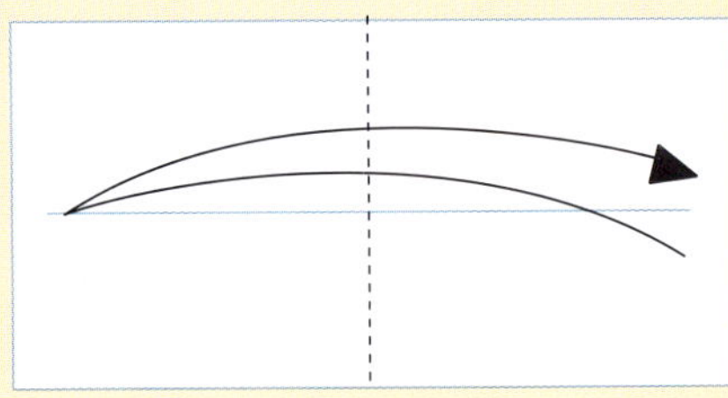

2 Marquer un pli vallée.

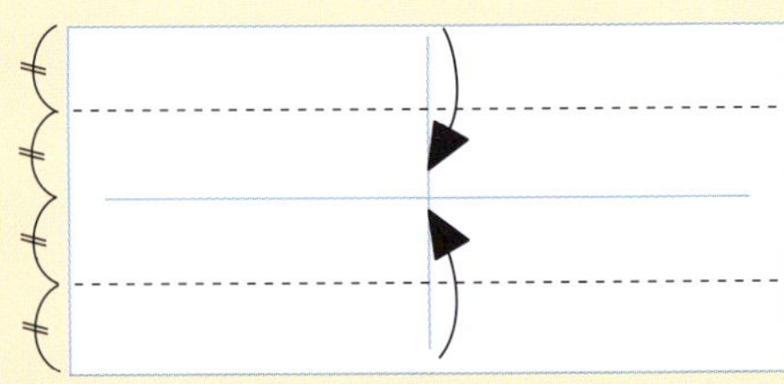

3 Plier en vallée pour amener les bords sur la ligne centrale.

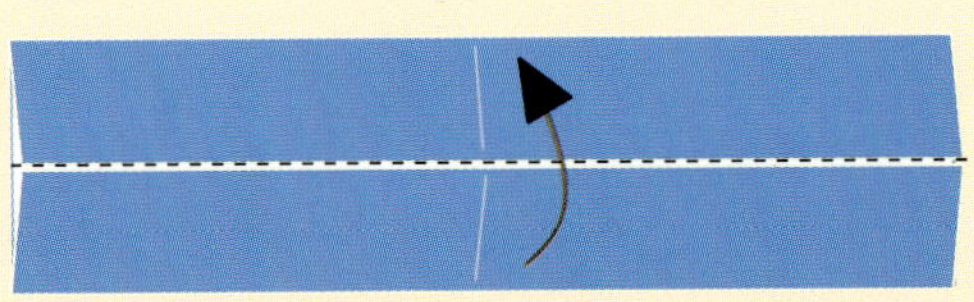

4 Plier le modèle en deux.

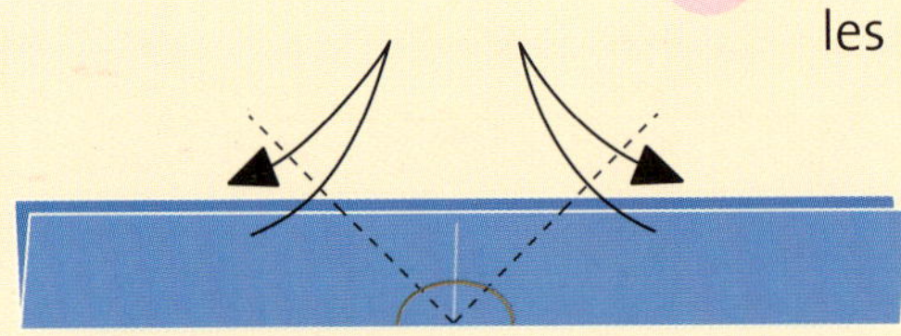

5 Marquer très fermement deux plis vallée.

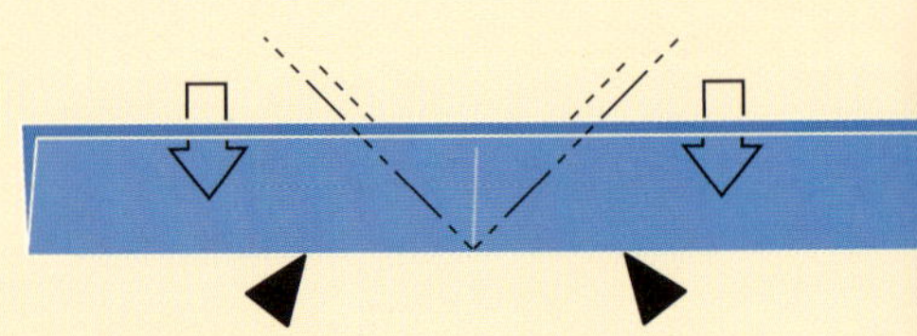

6 Réaliser deux plis inversés intérieurs (voir p. 8).

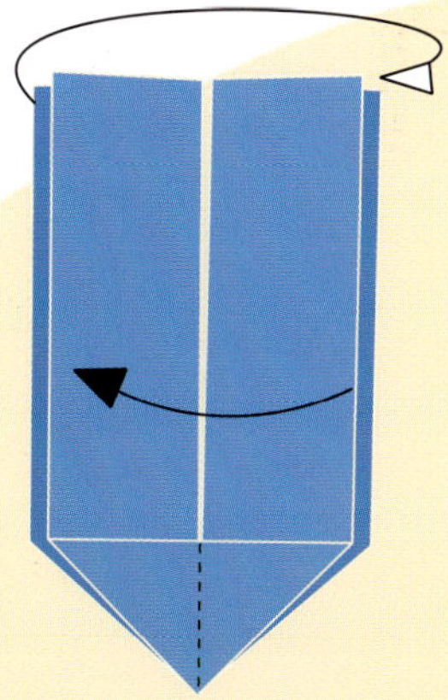

7 Dessus : rabattre le volet
de droite vers la gauche.
Dessous : rabattre le volet
de gauche vers la droite.

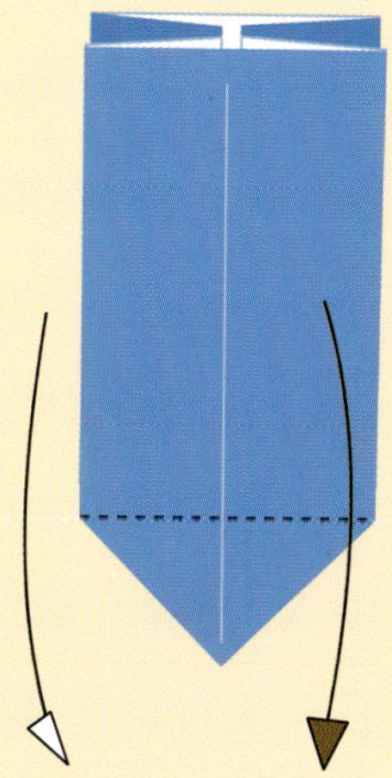

8 Plier devant
et derrière.

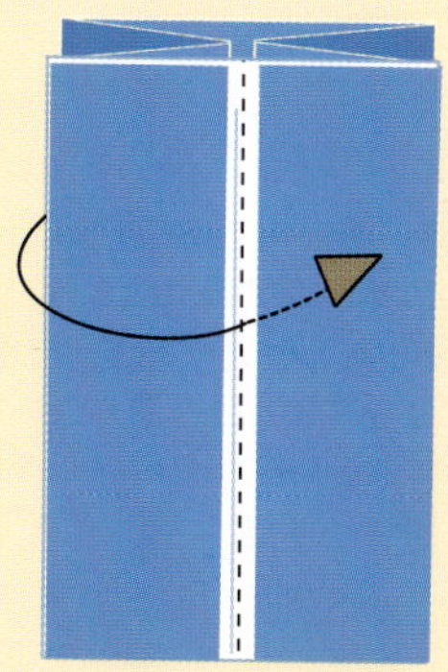

9 Plier le volet de
gauche pour le
glisser dans celui
de droite.

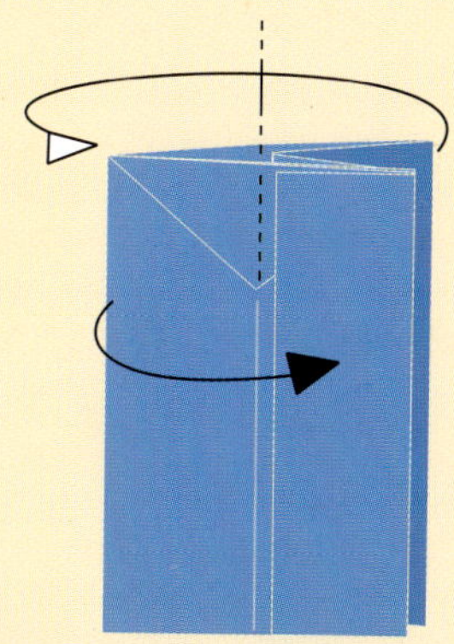

10 Dessus : rabattre le volet
de gauche vers la droite.
Dessous : rabattre le volet
de droite vers la gauche.

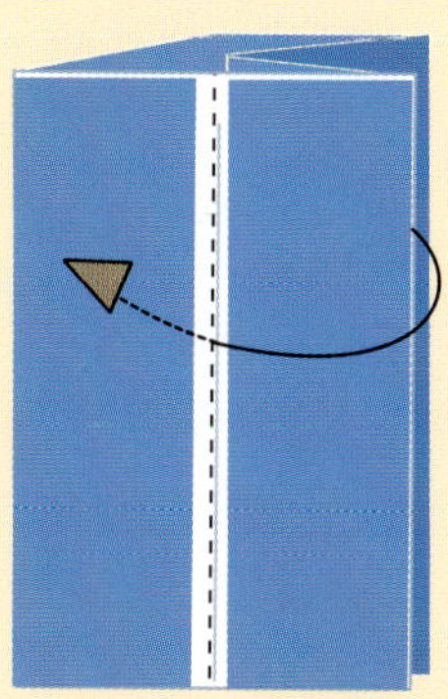

11 Plier le volet de droite
pour le glisser dans
celui de gauche.

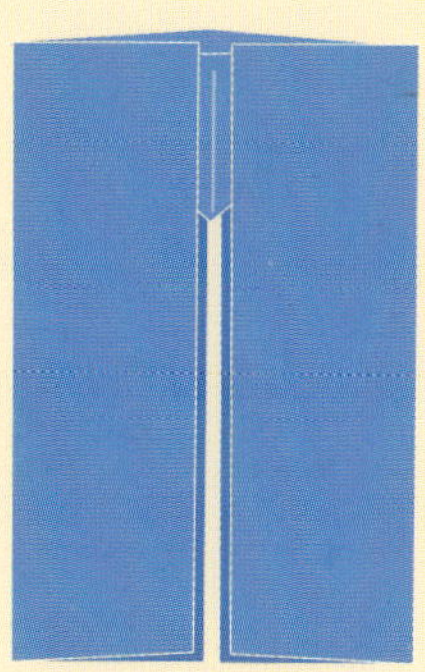

12 Retourner
le modèle.

13 Le pantalon
est terminé.

Botte de Noël

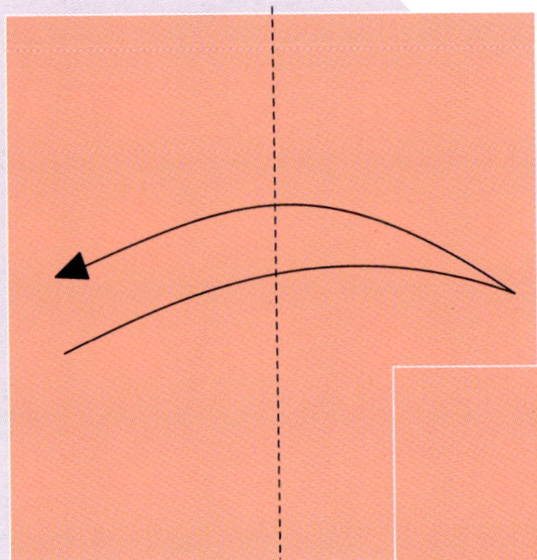

1 Marquer un pli vallée.

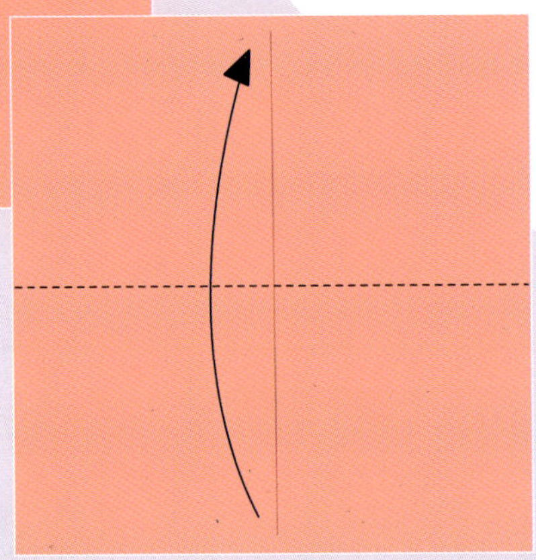

2 Plier en vallée.

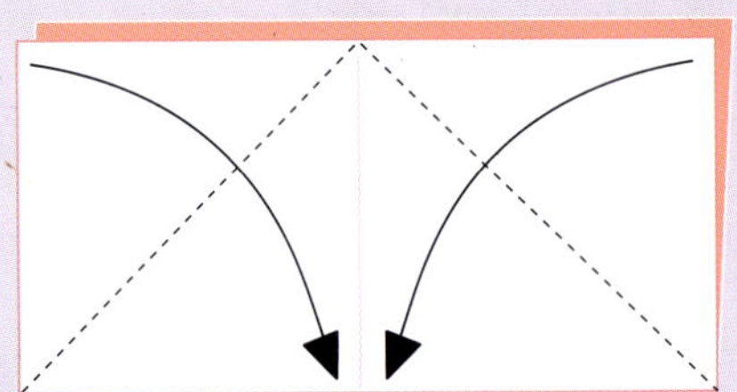

3 Plier en vallée les deux coins vers le bas.

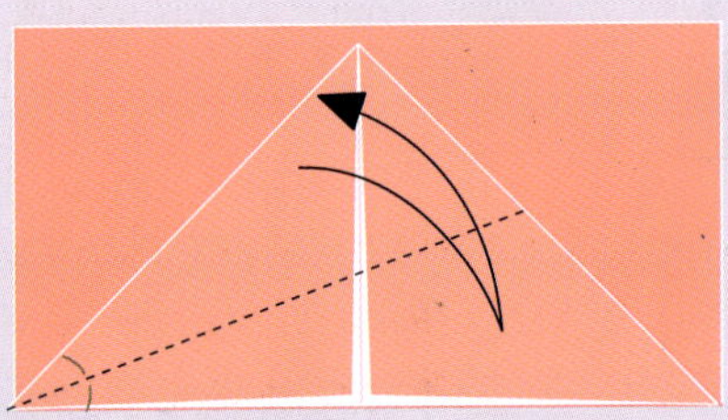

4 Marquer un pli vallée qui amène le sommet de la pointe sur le bord inférieur.

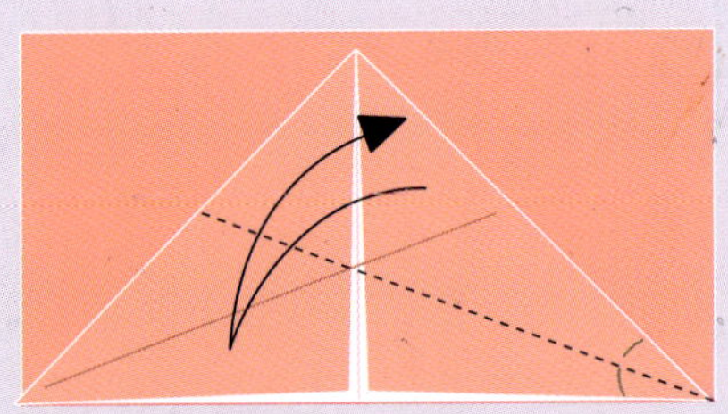

5 Répéter l'étape 4 à droite.

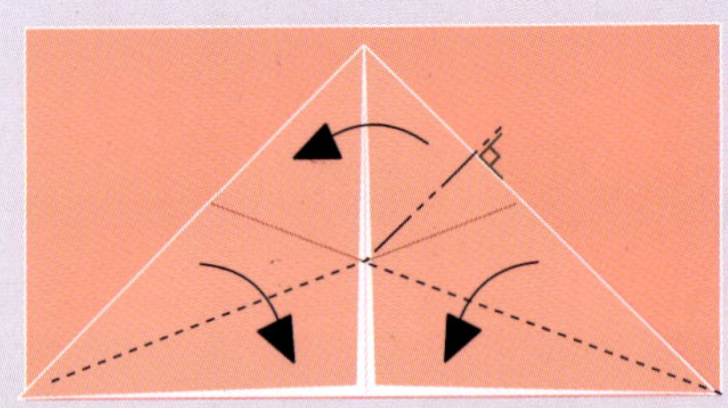

6 Faire un pli en oreille de lapin (voir p. 8). Le petit pli montagne se forme de lui-même.

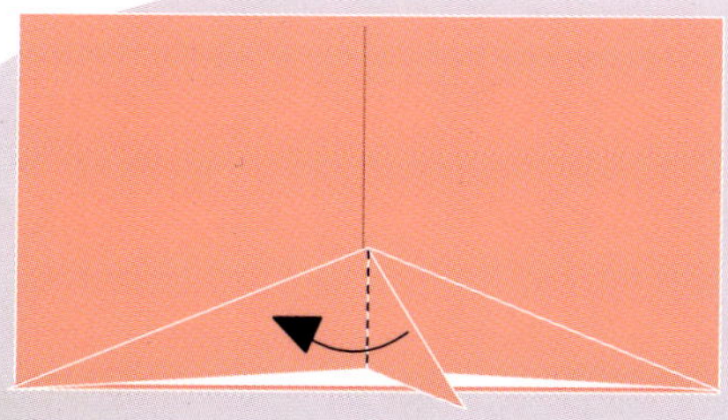

7 Rabattre la petite pointe vers la gauche.

8 Plier en vallée.

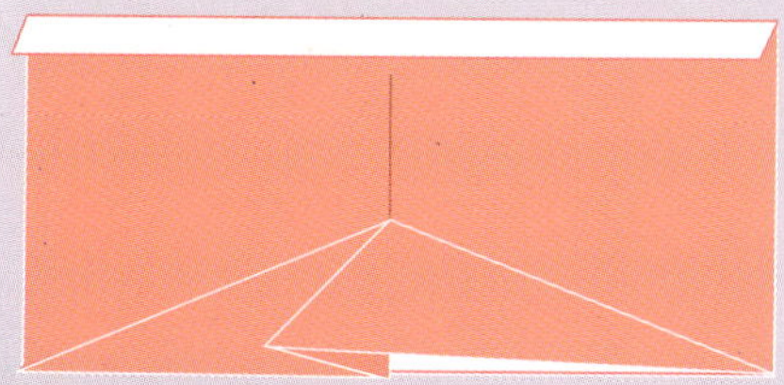

9 Retourner le pliage.

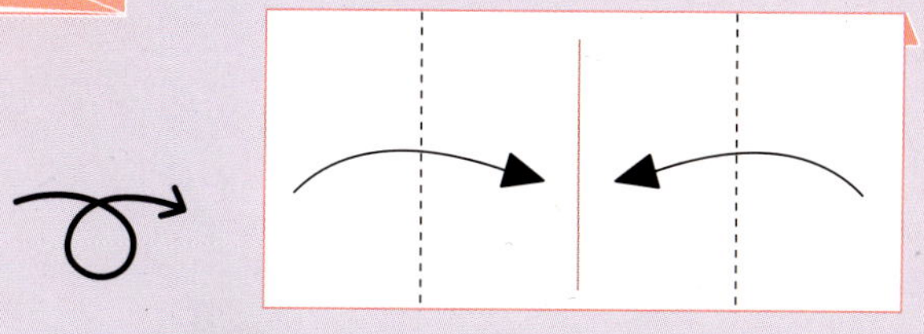

10 Plier en vallée pour amener les bords au centre.

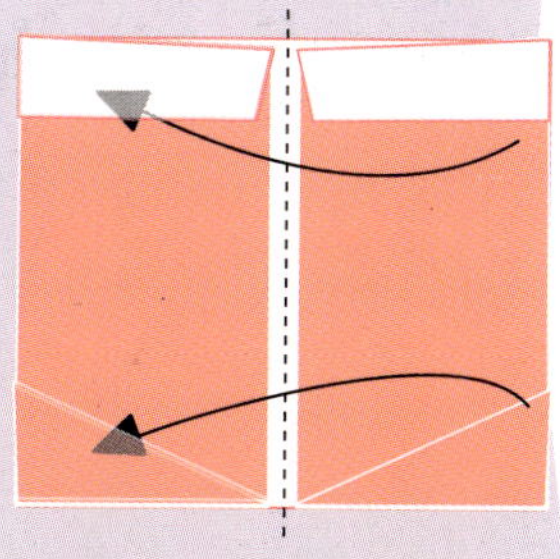

11 Plier le modèle en deux en insérant les coins dans les pochettes.

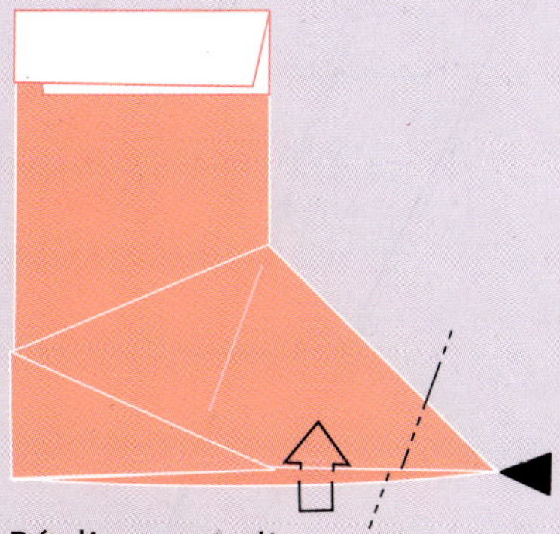

12 Réaliser un pli inversé intérieur (voir p. 8).

13 Retourner le pliage.

14 La botte est terminée.

Boîte

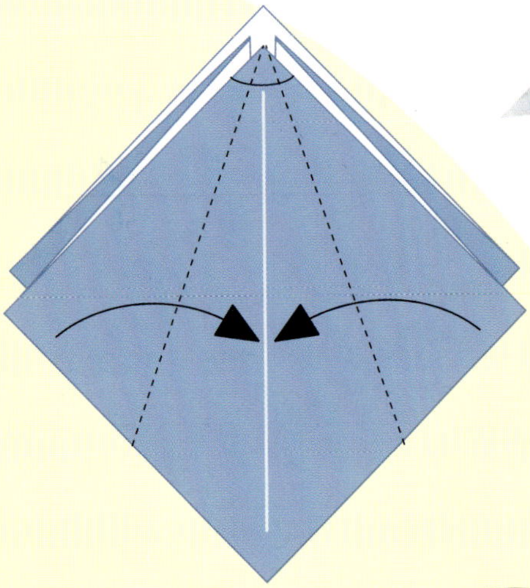

1 Commencer avec la base préliminaire (voir p. 9). Placer l'ouverture en haut. Plier en vallée les bords au centre.

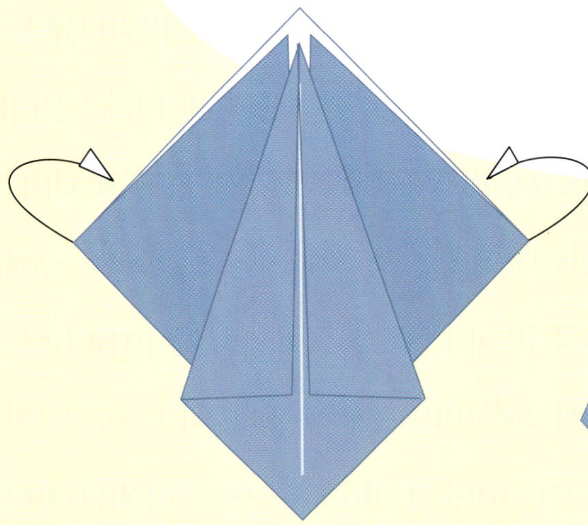

2 Répéter derrière.

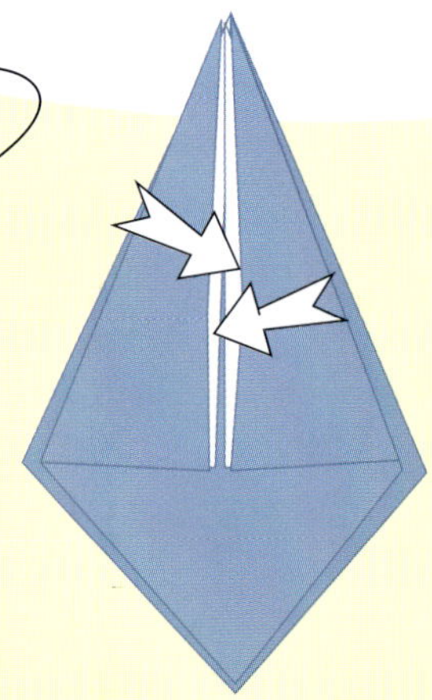

3 Ouvrir et aplatir. Répéter derrière.

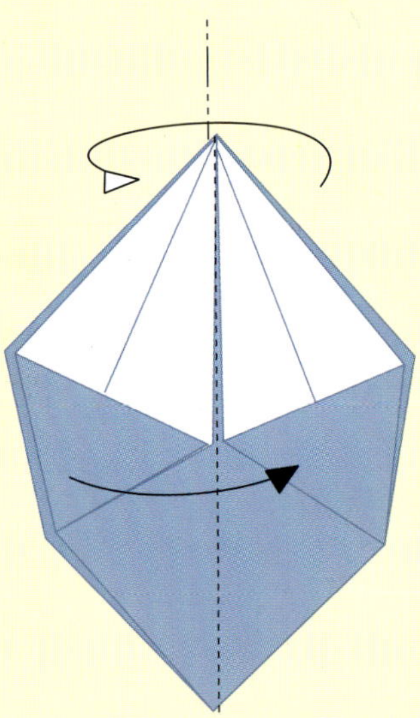

4 Dessus : rabattre le volet de gauche vers la droite. Dessous : rabattre le volet de droite vers la gauche.

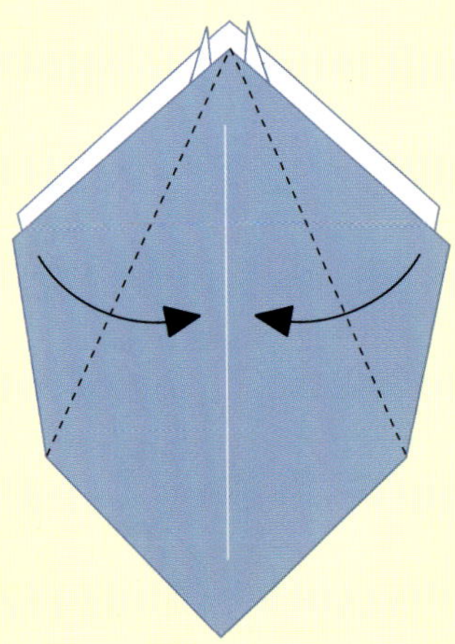

5 Plier selon des plis déjà marqués.

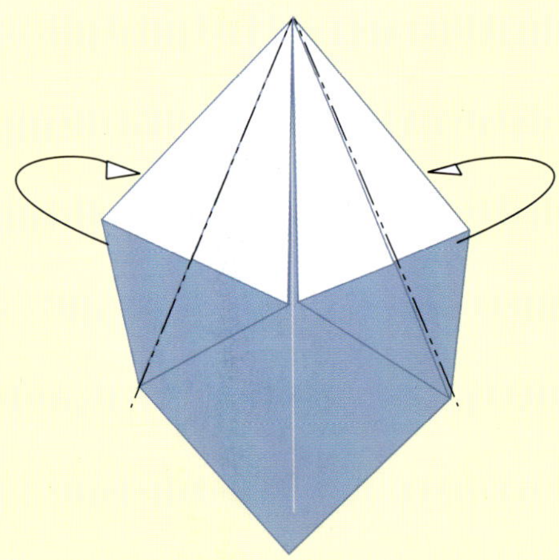

6 Répéter derrière.

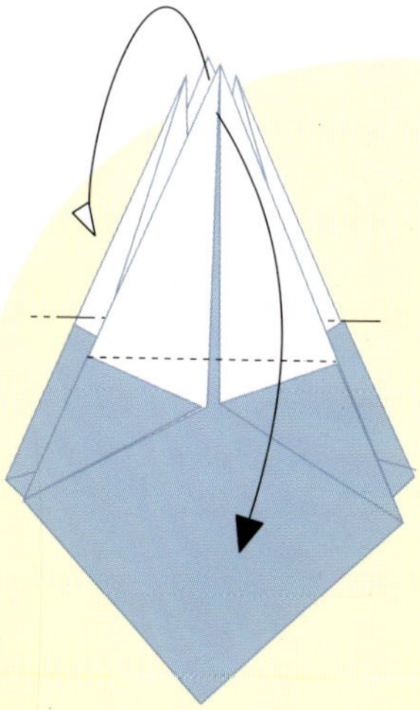

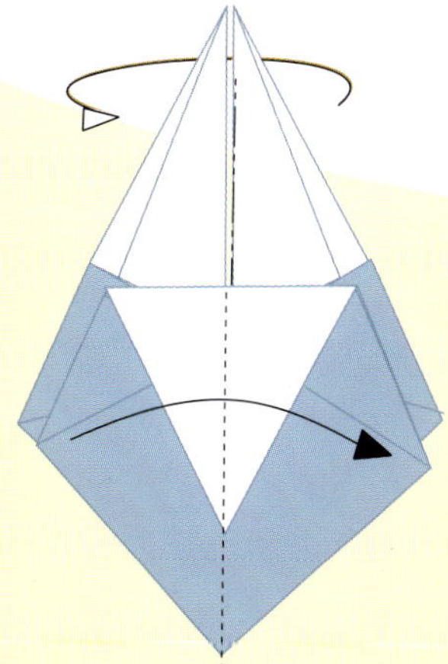

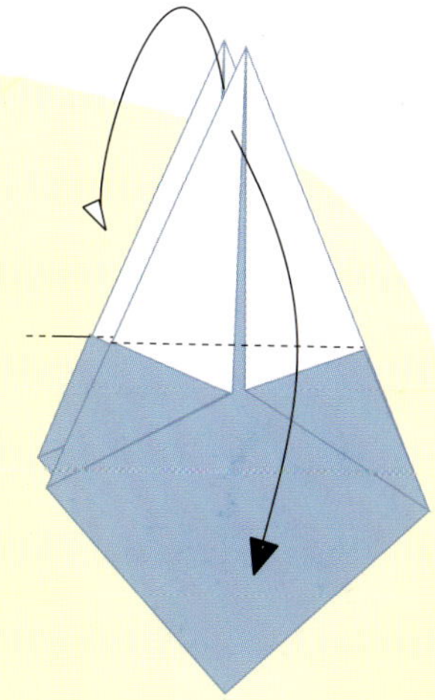

7 Plier en vallée la pointe vers le bas. Répéter derrière.

8 Dessus : rabattre le volet de gauche vers la droite. Dessous : rabattre le volet de droite vers la gauche.

9 Répéter l'étape 7.

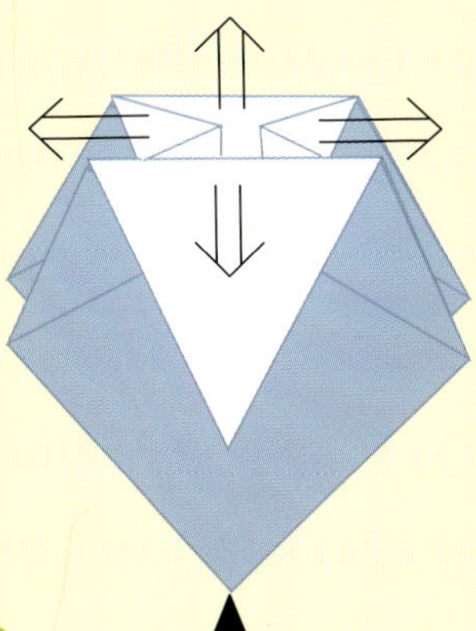

10 Pour former le volume, écarter les bords et pousser au fond.

11 La boîte est terminée.

Variante

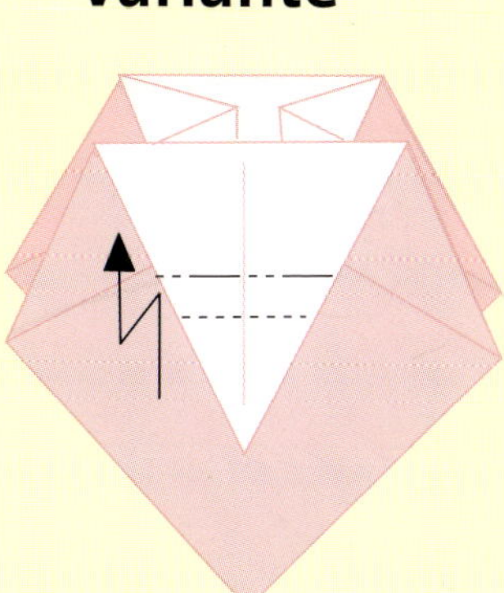

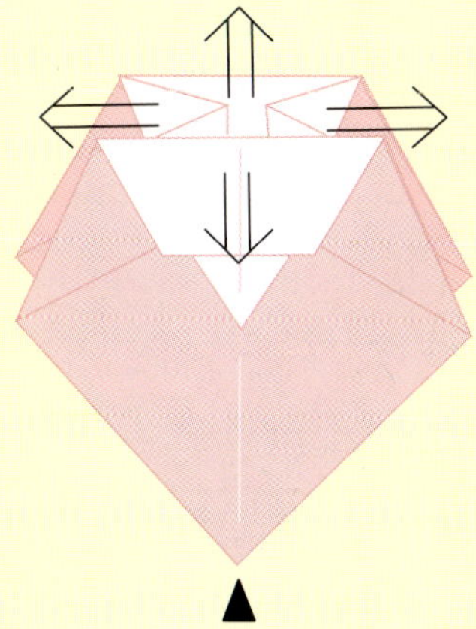

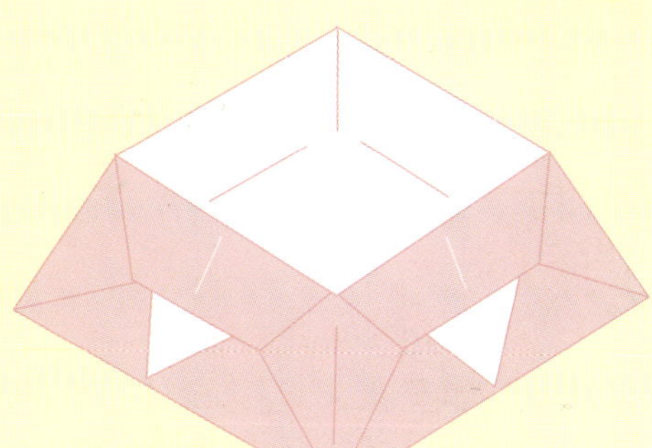

1 Commencer à l'étape 10 précédente. Replier pour bloquer la pointe sous le papier.

2 Procéder de la même façon pour les trois autres pointes, puis mettre en volume.

3 La boîte est terminée.

Shuriken

Ce pliage nécessite deux feuilles de papier de couleurs différentes.

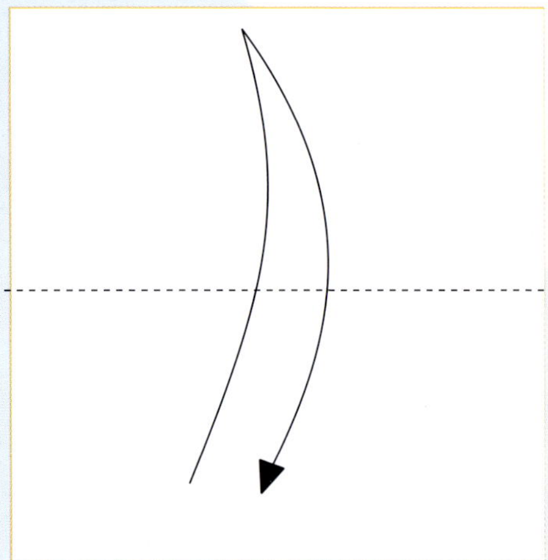

1 Marquer un pli vallée au milieu de la feuille.

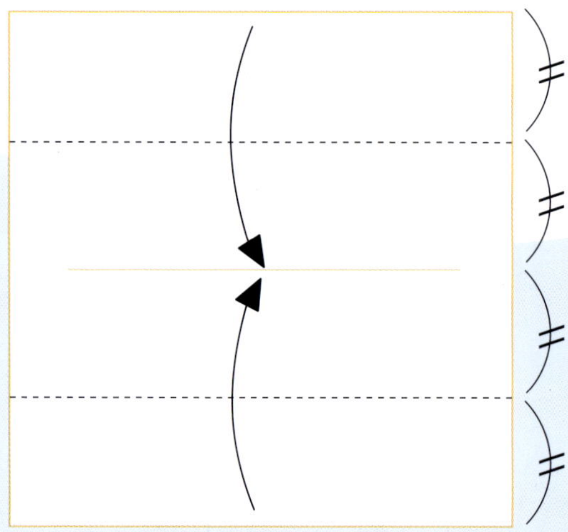

2 Plier les deux bords en vallée sur la ligne centrale.

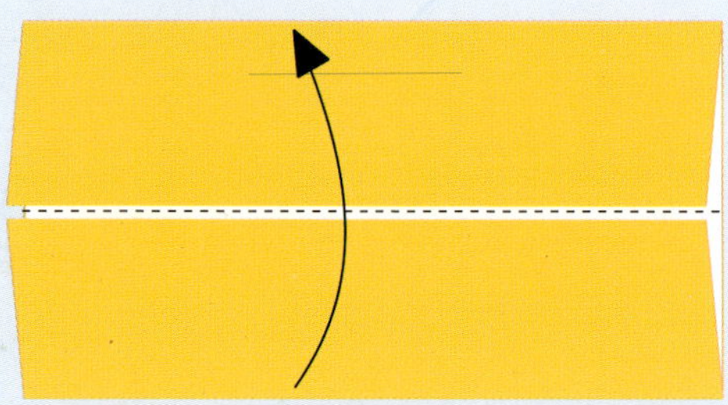

3 Plier en vallée au milieu. Recommencer ces étapes avec une autre feuille de papier.

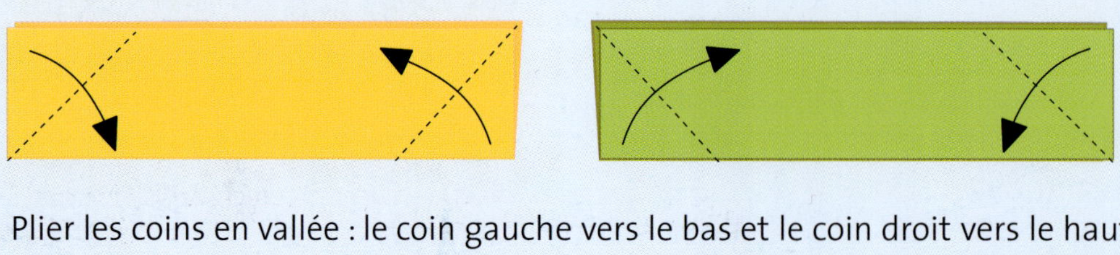

4 Plier les coins en vallée : le coin gauche vers le bas et le coin droit vers le haut. Attention ! C'est l'inverse pour la deuxième feuille.

5 Plier de nouveau les coins en vallée.

6 On obtient ceci. Retourner le modèle de gauche seulement. Disposer les modèles l'un sur l'autre en les centrant bien...

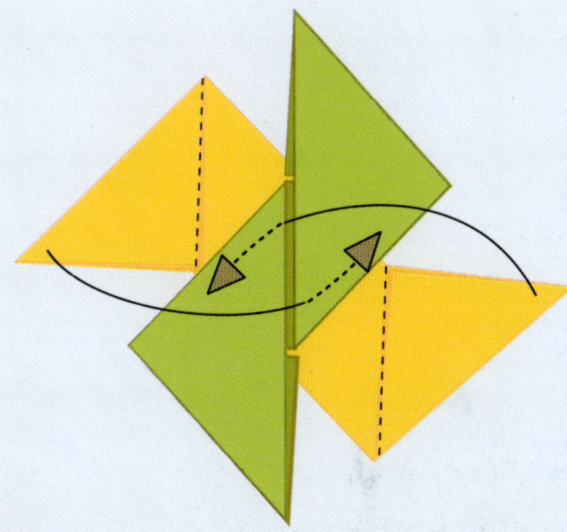

7 ...comme ceci. Plier en vallée les coins du modèle du dessous pour les glisser dans les pochettes de celui du dessus.

8 Retourner le modèle.

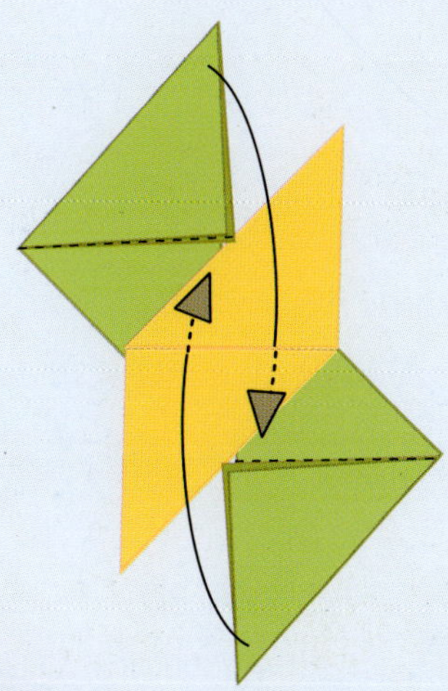

9 Procéder comme à l'étape 7.

10 Le shuriken est terminé. On le lance comme un frisbee.

Barque

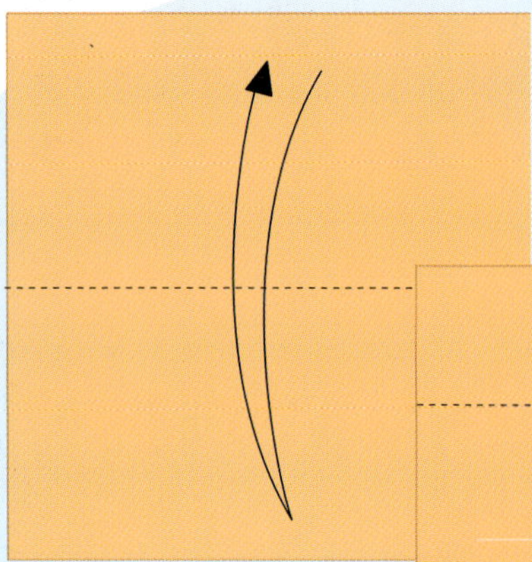

1 Marquer un pli vallée au milieu.

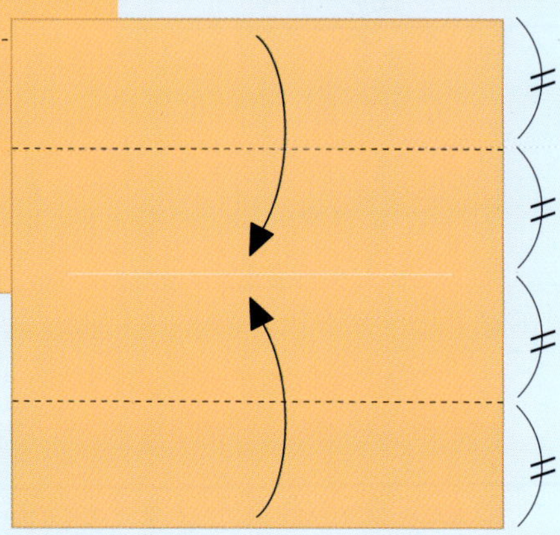

2 Plier en vallée les deux bords au centre.

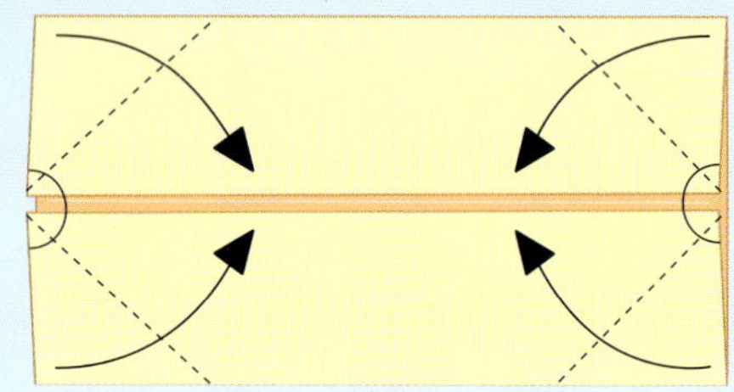

3 Plier en vallée les quatre coins au centre.

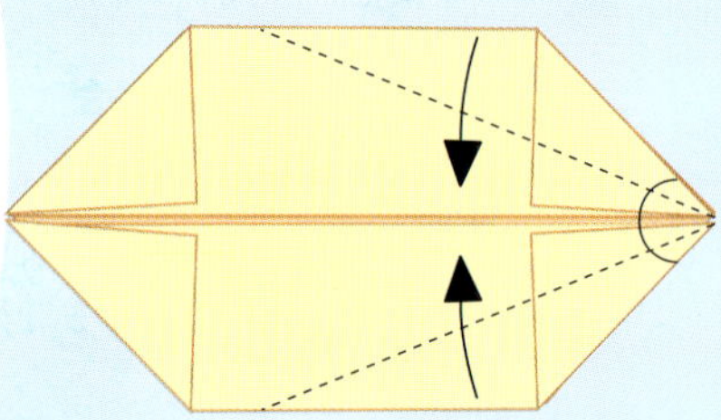

4 Plier en vallée pour amener les bords sur la ligne centrale.

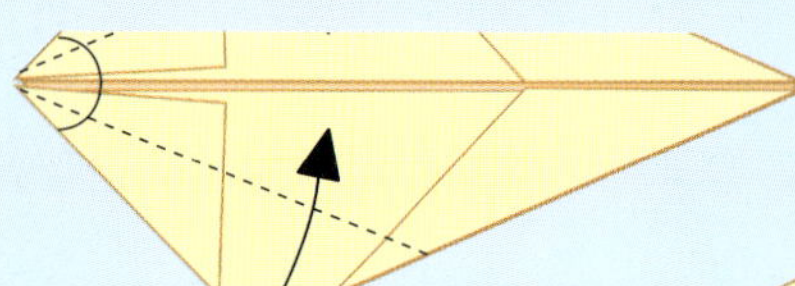

5 Répéter l'étape 4 à gauche.

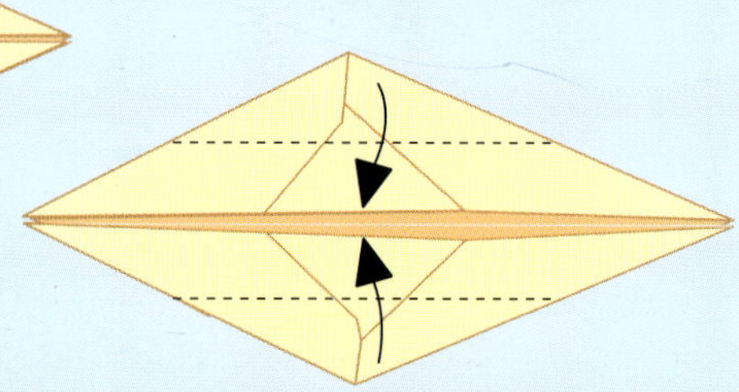

6 Plier en vallée pour amener les deux pointes au centre.

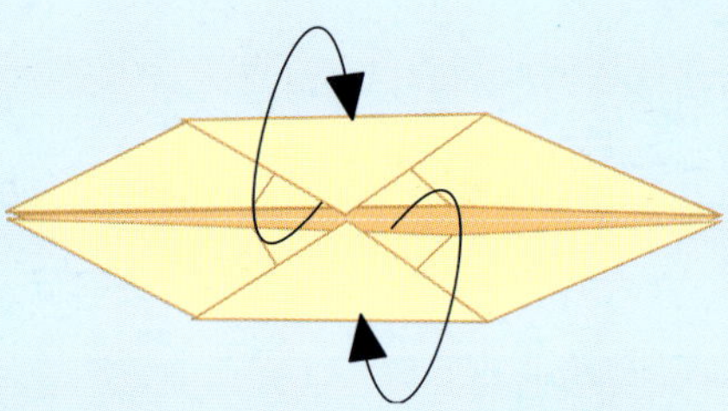

7 Insérer les doigts à l'intérieur du modèle et le retourner comme une chaussette.

8 La barque est terminée.

Ballon

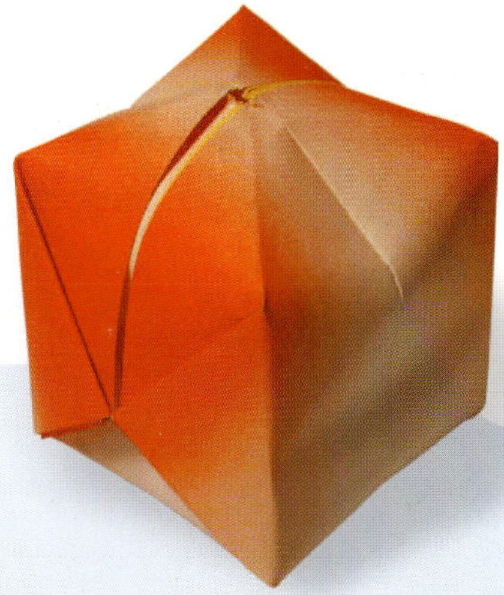

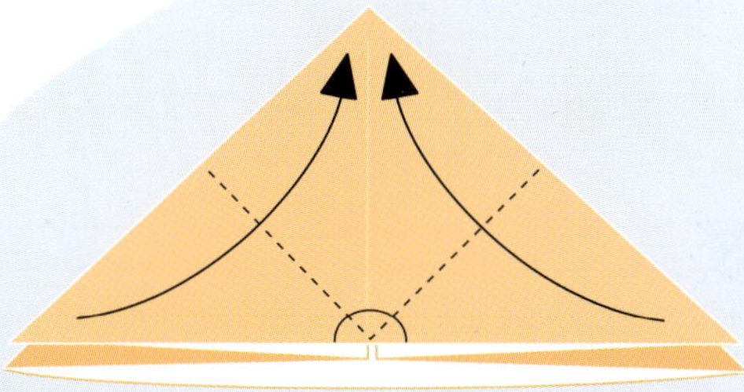

1 Commencer avec la base de la bombe à eau (voir p. 9). Plier en vallée pour amener les coins en haut.

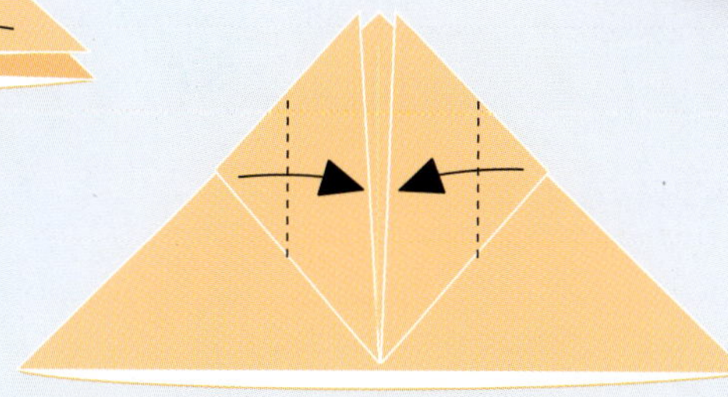

2 Plier en vallée sur la ligne centrale.

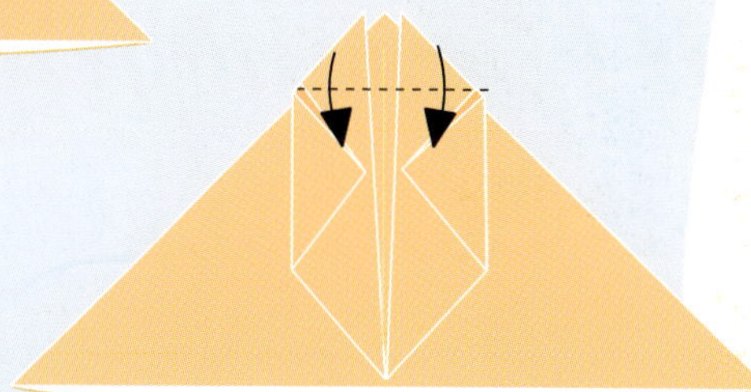

3 Plier en vallée les deux petites pointes.

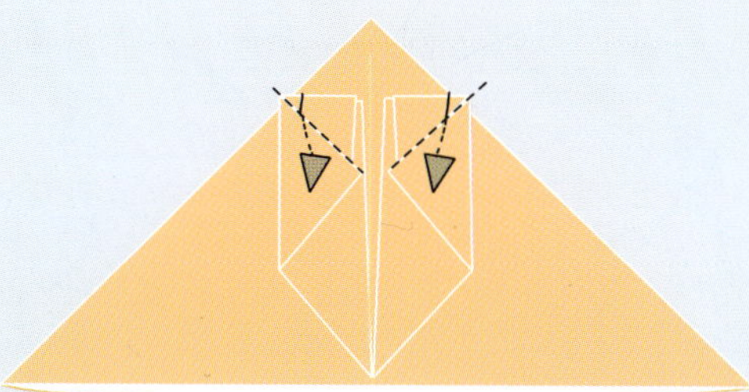

4 Plier en vallée pour insérer les deux pointes dans les pochettes.

5 Retourner le modèle.

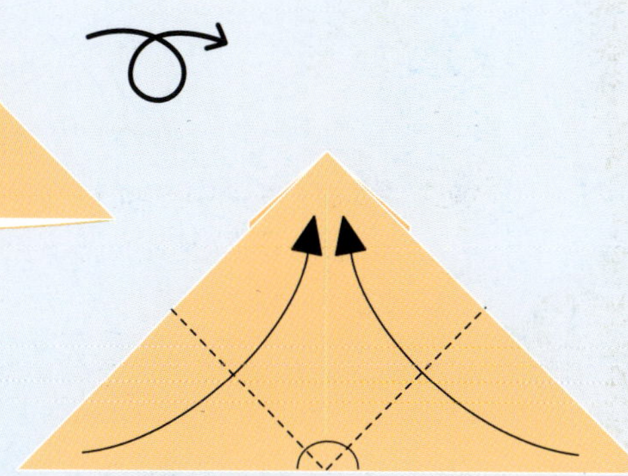

6 Répéter les étapes 1 à 4 de ce côté.

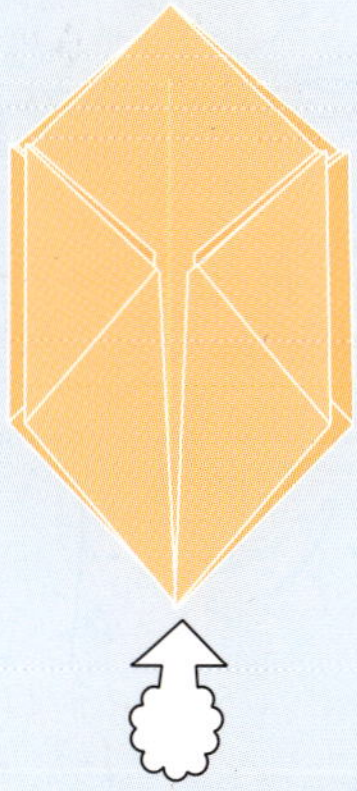

7 Souffler pour gonfler le modèle.

8 Le ballon est terminé.

Kusudama

Ce pliage nécessite six feuilles
de papier de couleurs différentes.

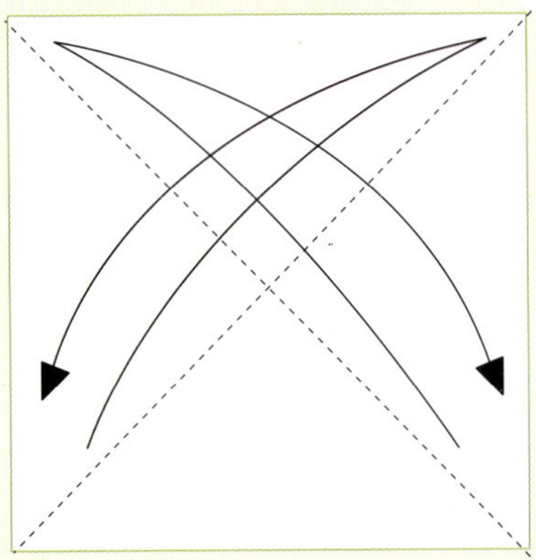

1 Marquer les plis en vallée.

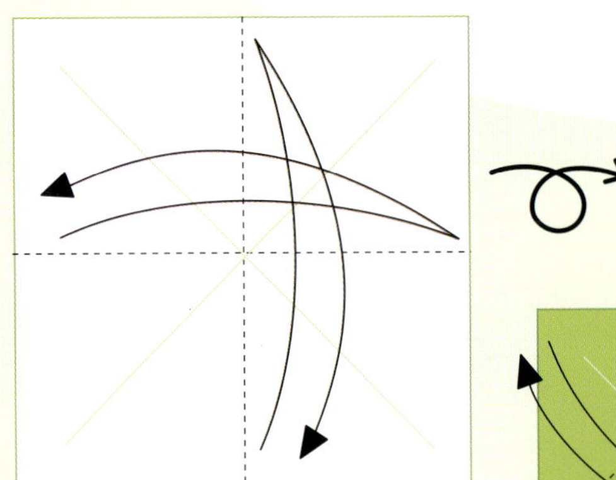

2 Marquer les plis en vallée. Retourner le modèle.

3 Marquer en vallée les quatre plis qui amènent les coins au centre. Retourner le modèle.

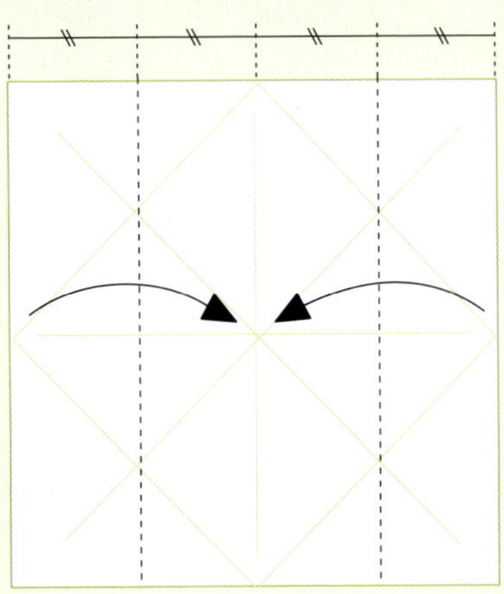

4 Plier en vallée pour amener les bords sur la ligne centrale.

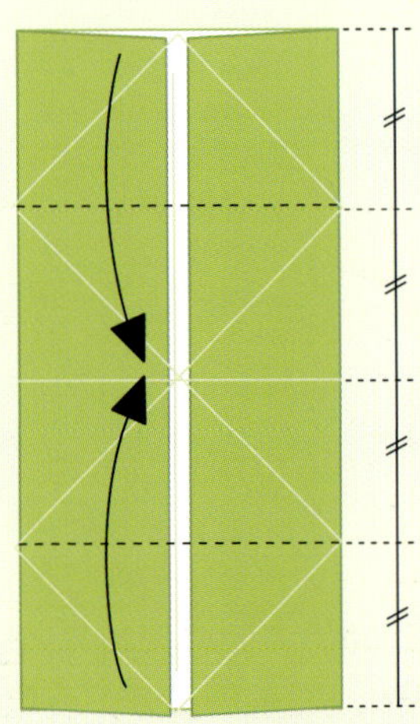

5 Plier en vallée pour amener les bords sur la ligne centrale.

6 Tirer sur les quatre pointes intérieures pour les sortir à l'extérieur.

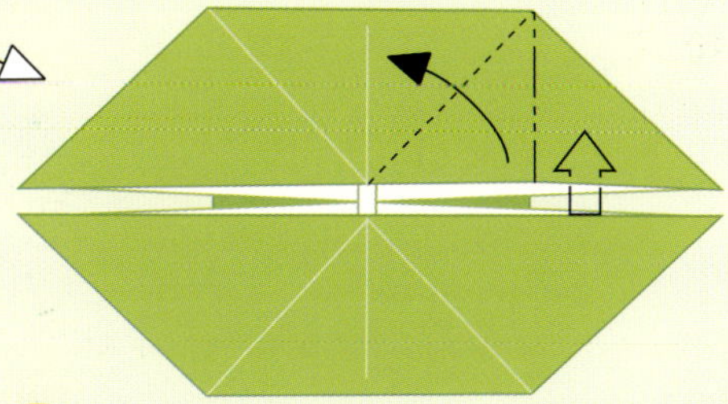

7 Ouvrir en pliant, puis aplatir.

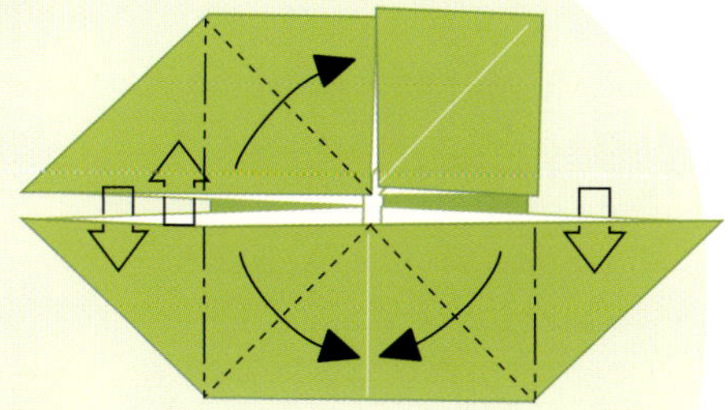

8 Répéter l'étape précédente en haut, à gauche et en bas.

9 Plier en vallée.

10 Redresser la petite pointe à la verticale. Ouvrir et aplatir.

11 Répéter l'étape 10 sur la petite pointe adjacente. Répéter les étapes 9 et 10 pour toutes les autres pointes.

12 On obtient ceci.

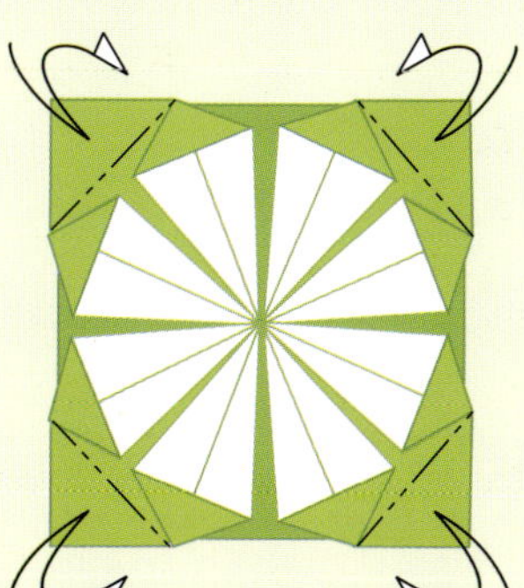

13 Marquer quatre plis montagne.

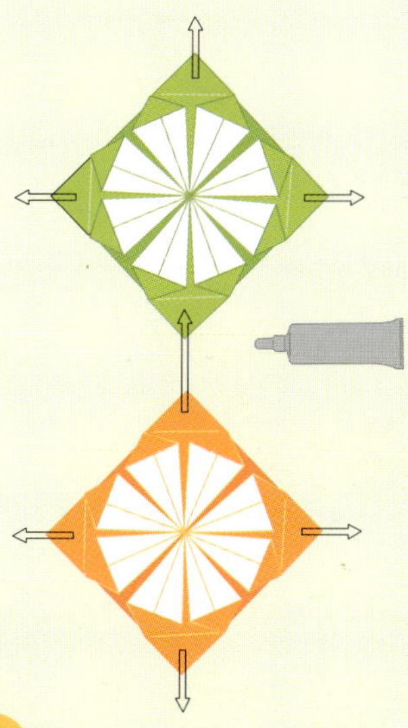

14 Fabriquer ainsi six pliages et les assembler pointe par pointe avec de la colle pour former une boule.

15 Le kusudama est terminé.

Toupie

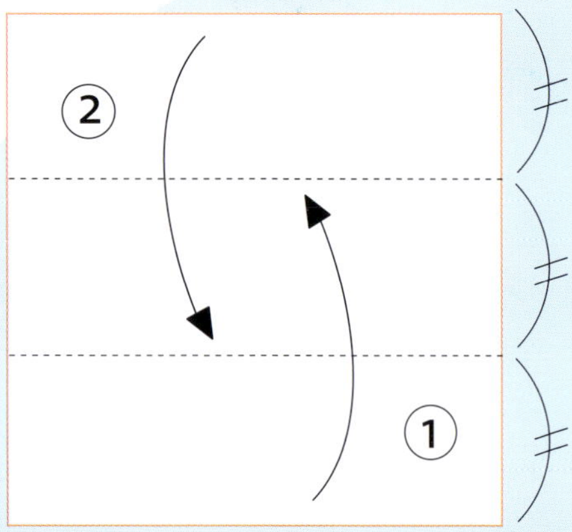

1 Diviser la feuille en trois parties égales et plier en vallée dans l'ordre indiqué.

2 Plier en vallée le coin en haut à gauche vers le bas et le coin en bas à droite vers le haut. Plier une deuxième feuille à l'identique.

3 On obtient ceci.

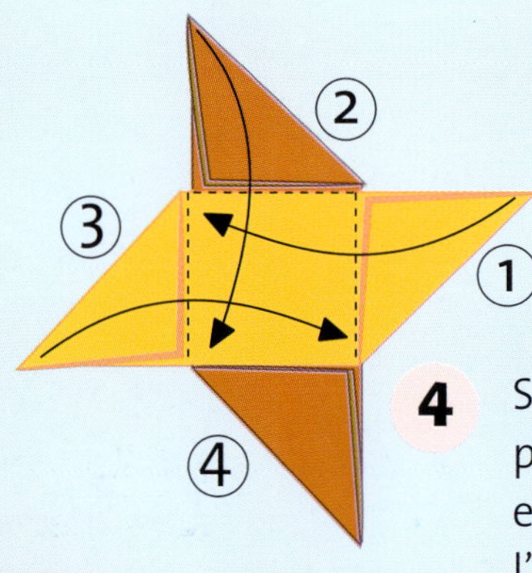

4 Superposer les deux parties comme ceci et plier en vallée dans l'ordre indiqué.

5 Plier la pointe en vallée pour l'insérer à l'intérieur.

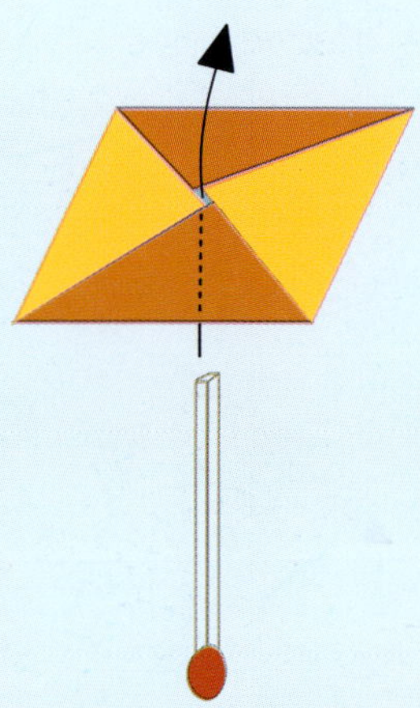

6 Percer un trou au centre et y glisser une allumette.

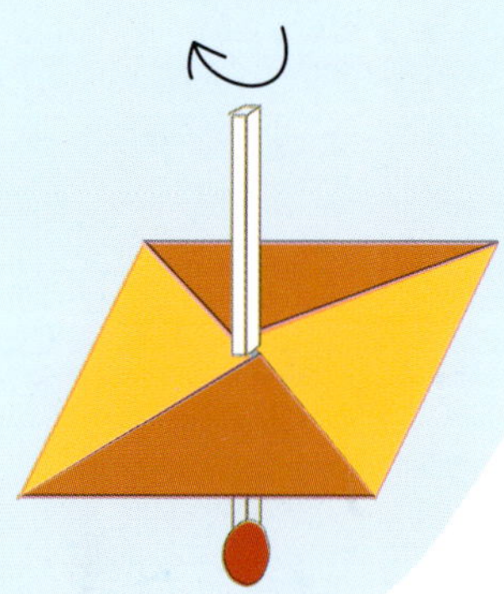

7 La toupie est terminée.

Fukikoma

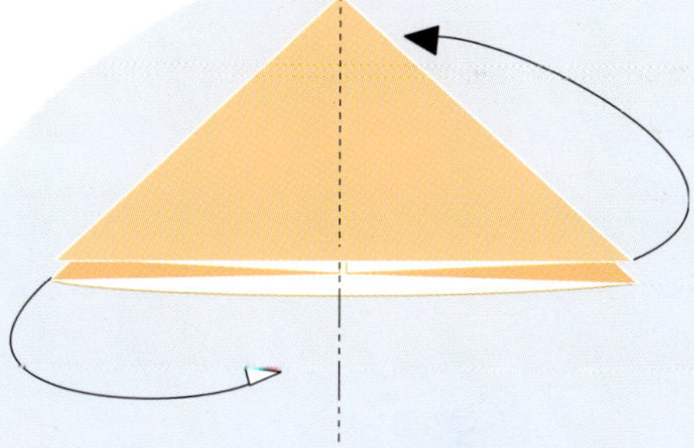

1 Commencer par réaliser 6 bases de la bombe à eau (voir p. 9) avec des couleurs différentes. Faire pivoter les volets pour bien les séparer...

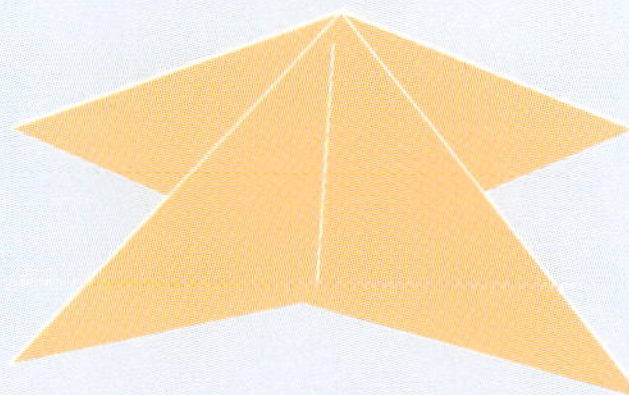

2 ... comme ceci.

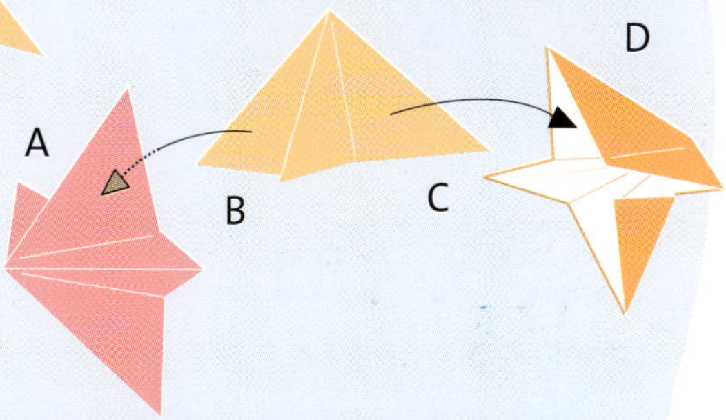

3 Assembler trois premiers modules en insérant A dans B et C dans D...-

4 ... comme ceci.

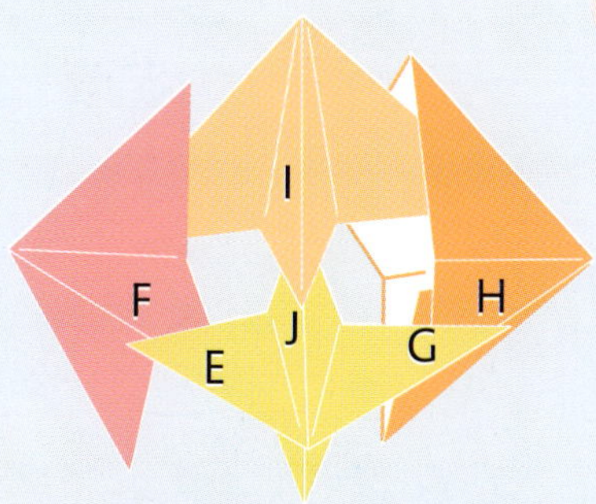

5 Assembler un quatrième module en insérant simultanément E dans F, G dans H et I dans J. Recommencer derrière avec un cinquième module.

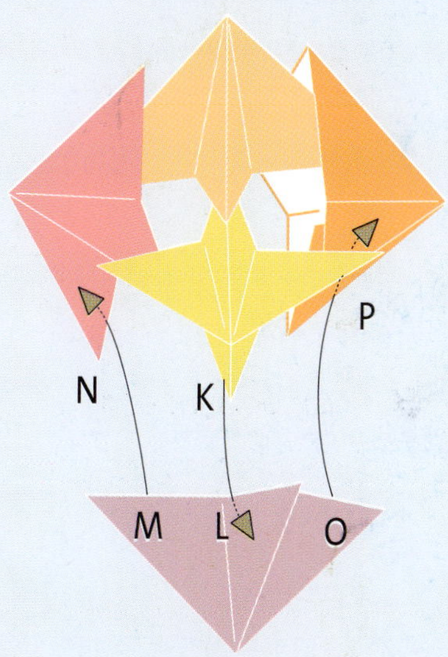

6 Assembler le dernier module en insérant simultanément K dans L, M dans N et O dans P.

7 On obtient ceci.

8 À l'aide de fil et d'une aiguille, on peut relier plusieurs fukikomas pour réaliser une guirlande.

Voiture

La voiture se compose de quatre pièces 1, 2, 3 et 4 (en double) que l'on assemble en les emboîtant.

Pièce 1

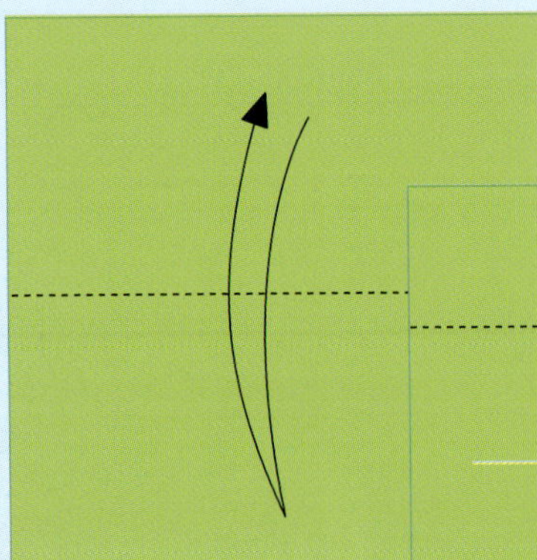

1 Marquer un pli vallée.

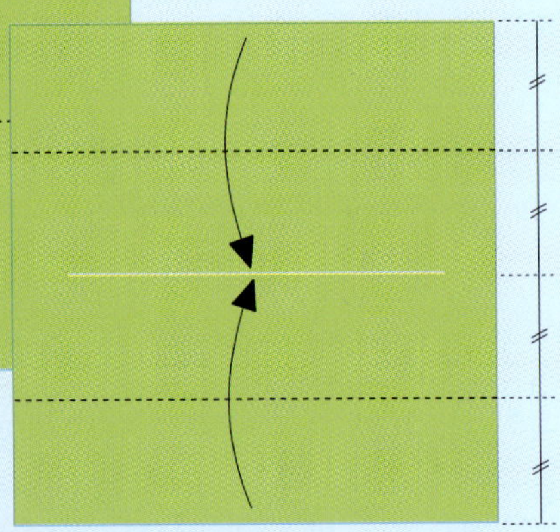

2 Plier en vallée sur la ligne centrale.

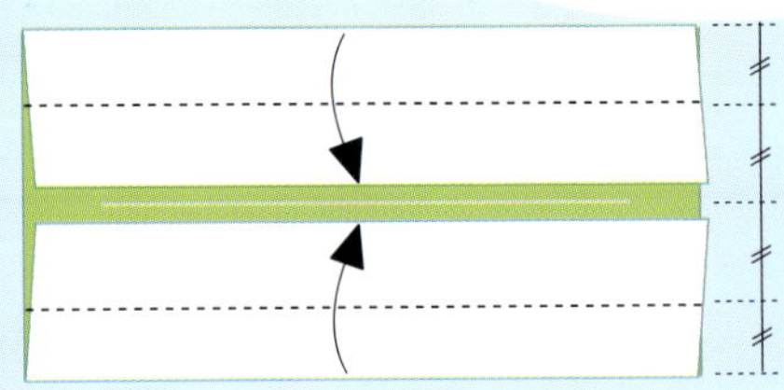

3 Plier en vallée sur la ligne centrale.

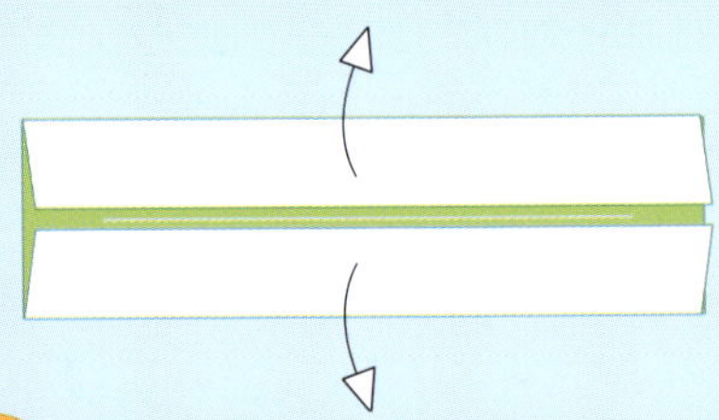

4 Déplier totalement.

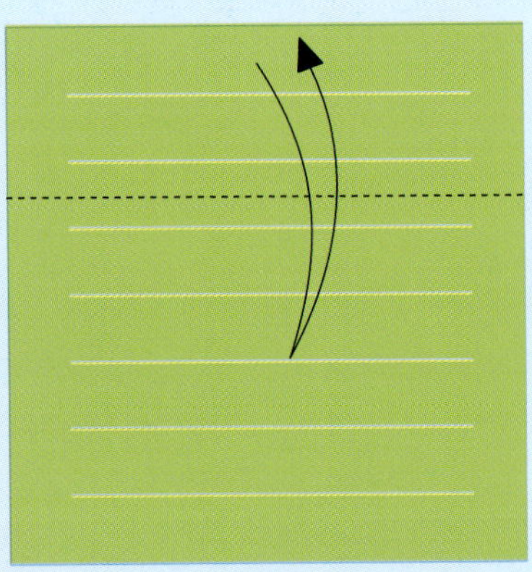

5 Marquer un pli vallée.

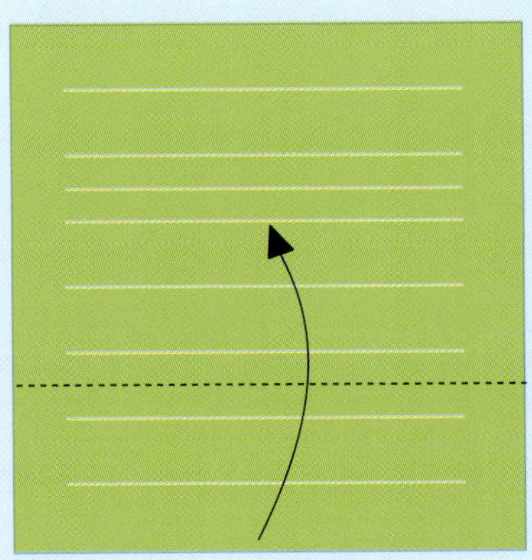

6 Plier en vallée.

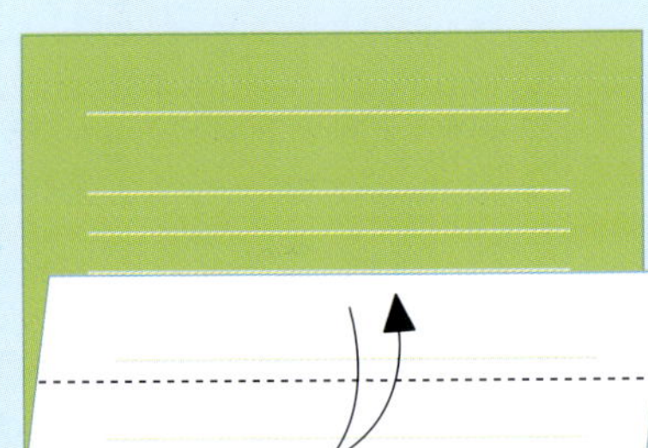

7 Marquer un pli vallée.

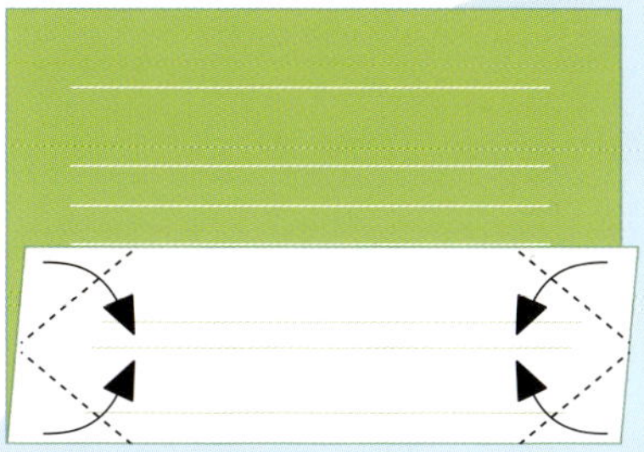

8 Plier les quatre coins en vallée.

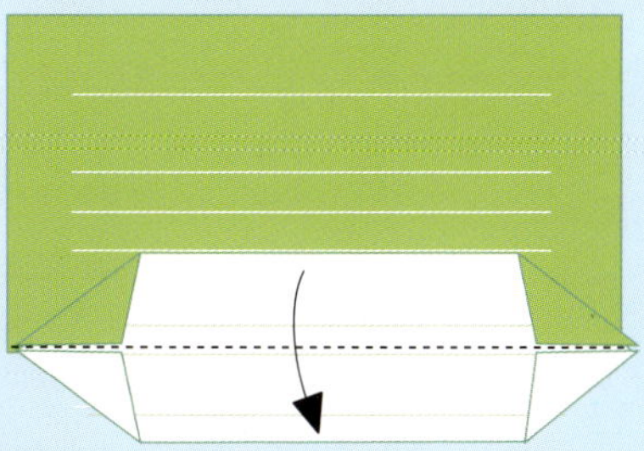

9 Plier en vallée.

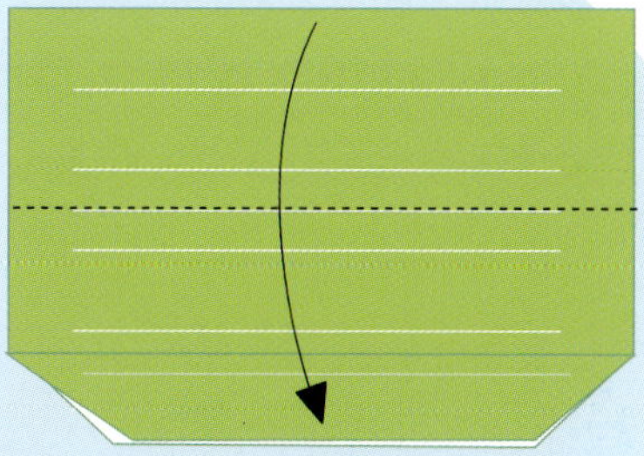

10 Recommencer les étapes 6 à 9 en haut.

11 Marquer deux plis vallée.

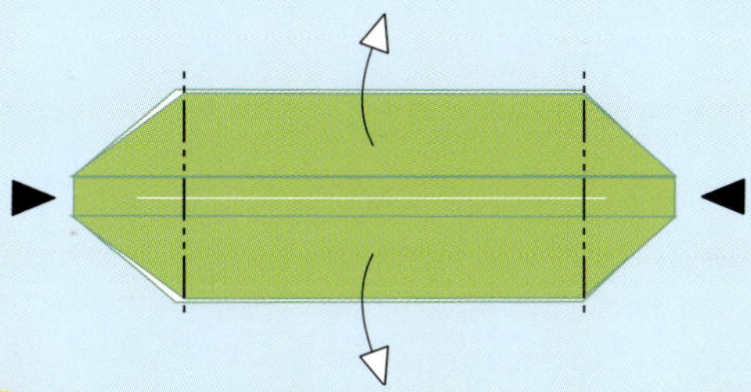

12 Pour mettre en volume, ouvrir et pousser sur les côtés.

13 La pièce 1 est terminée.

Pièce 2

1 Commencer à l'étape 4 de la pièce 1 avec un papier vert foncé.

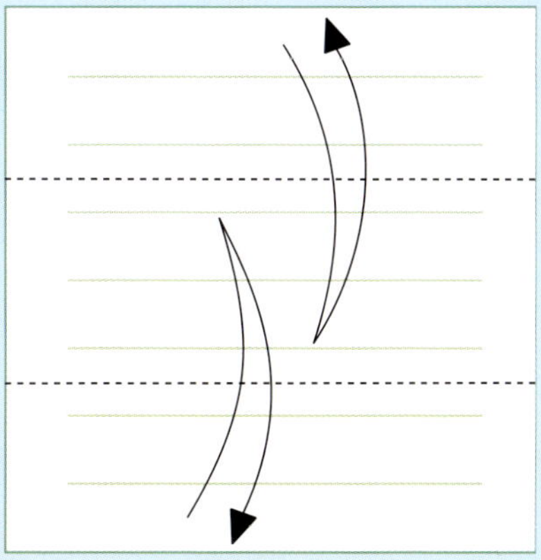

2 Marquer deux plis vallée.

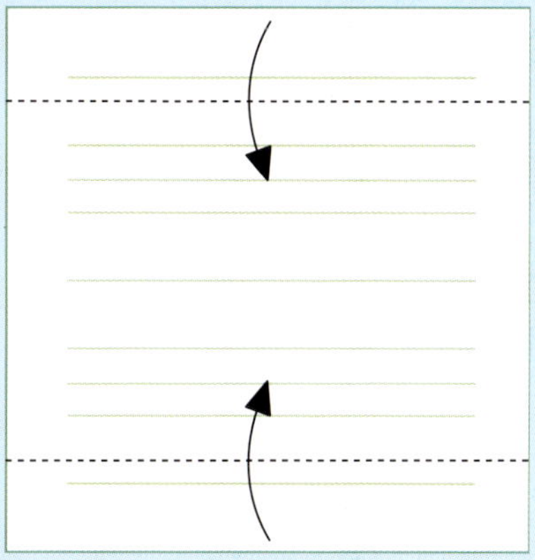

3 Plier en vallée pour amener les bords sur les plis précédents.

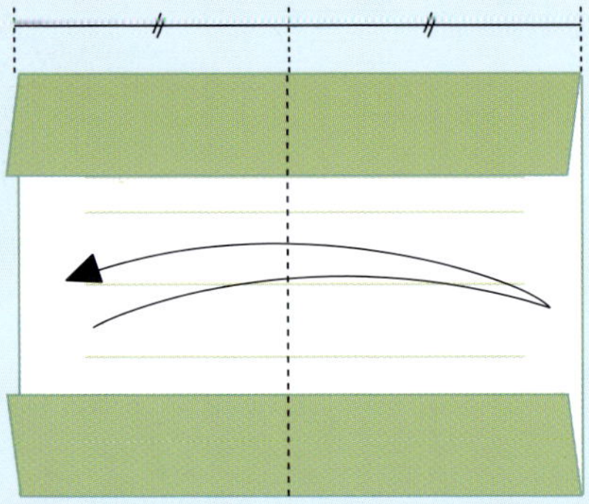

4 Marquer un pli vallée.

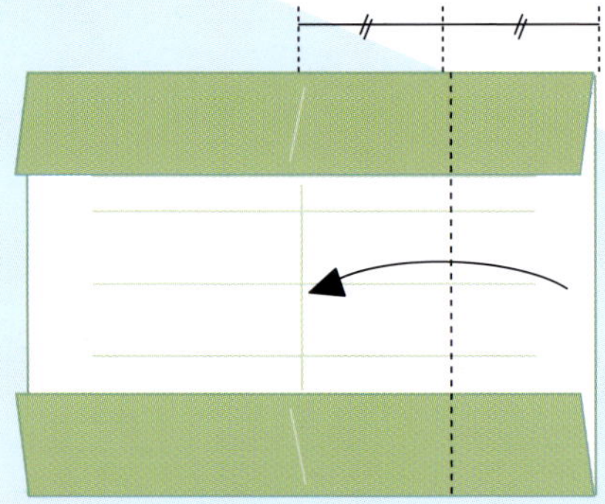

5 Plier en vallée.

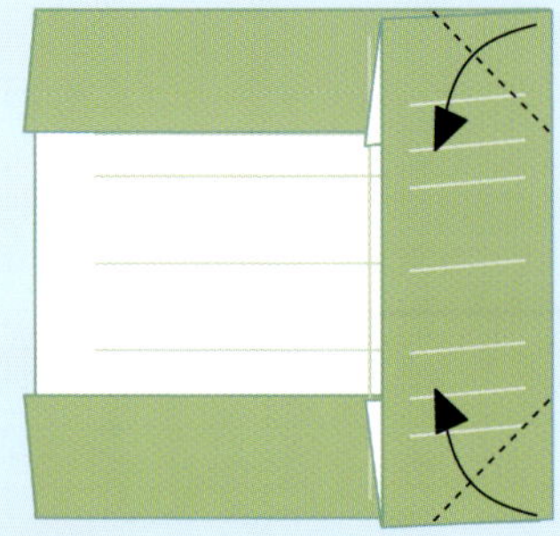

6 Plier les deux coins en vallée.

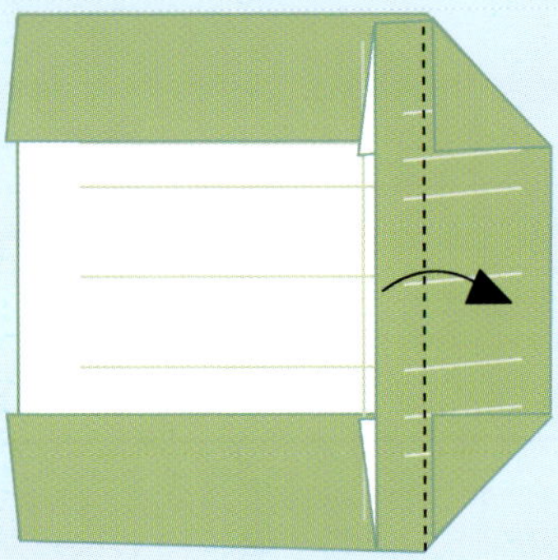

7 Plier en vallée.

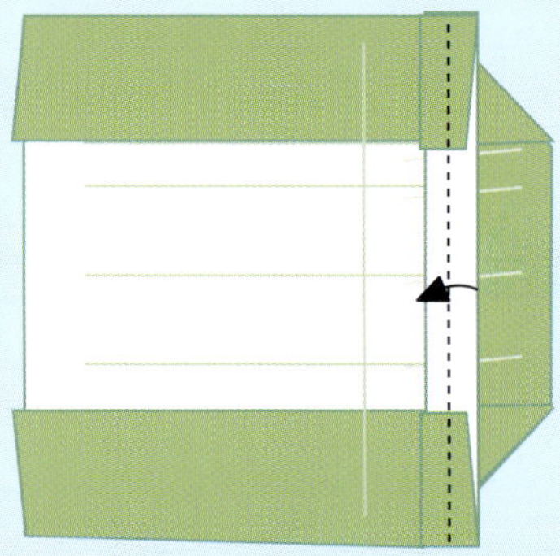

8 Plier le bord en vallée.

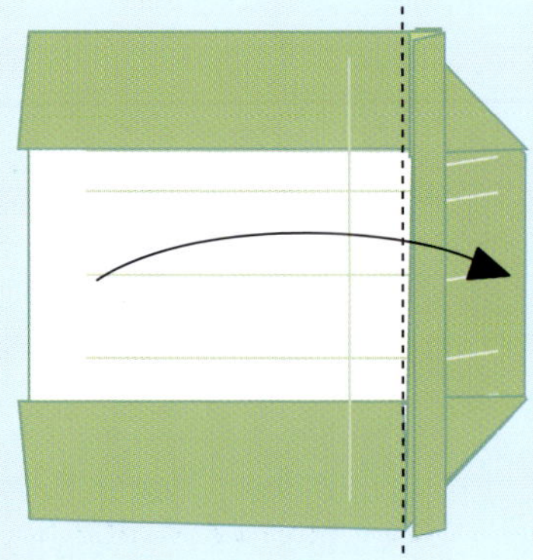

9 Plier en vallée.

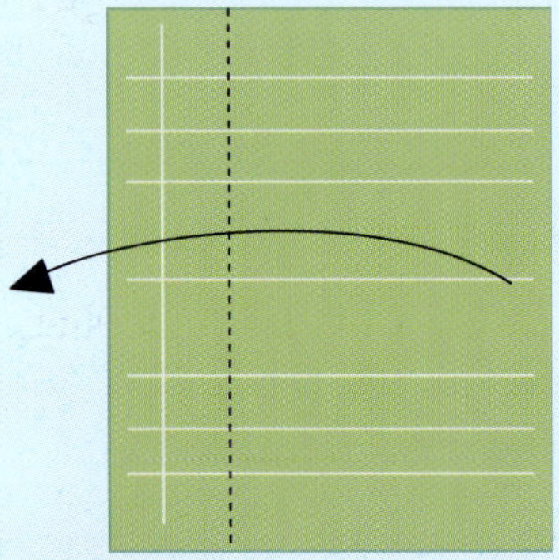

10 Plier en vallée.

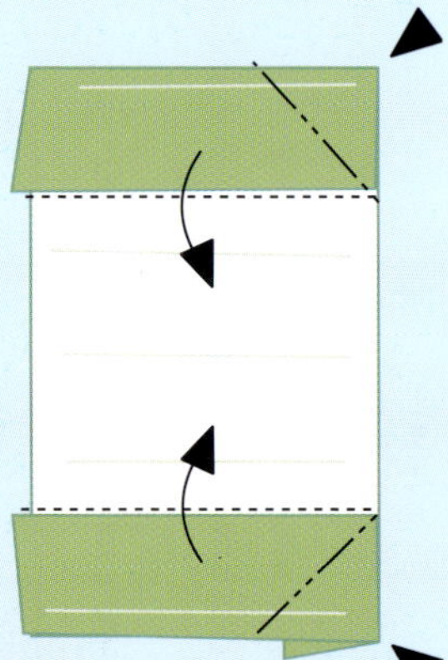

11 Plier et pousser pour ramener vers le centre.

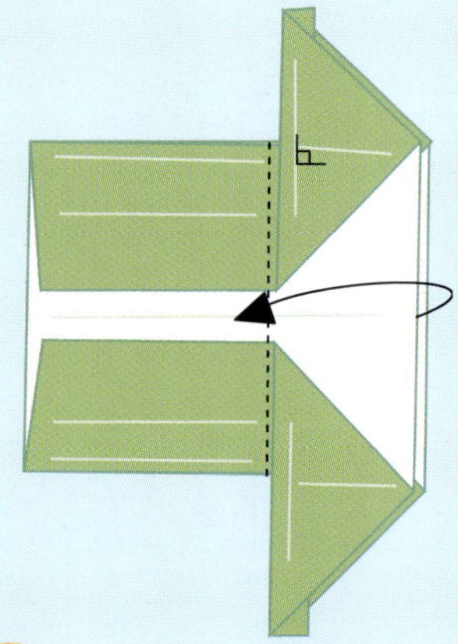

12 Plier la partie supérieure pour l'amener à la verticale.

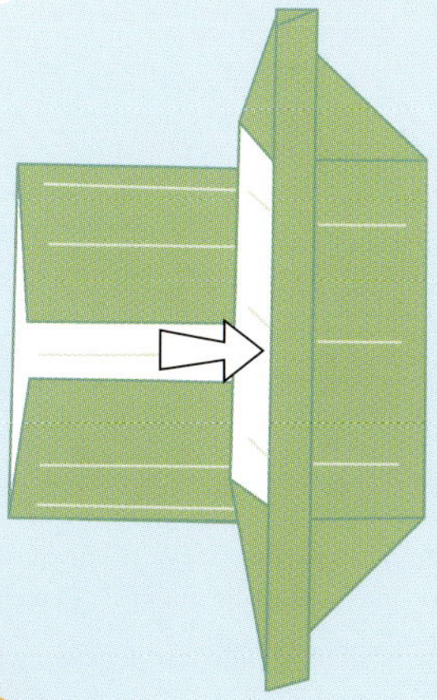

13 Ouvrir, puis...

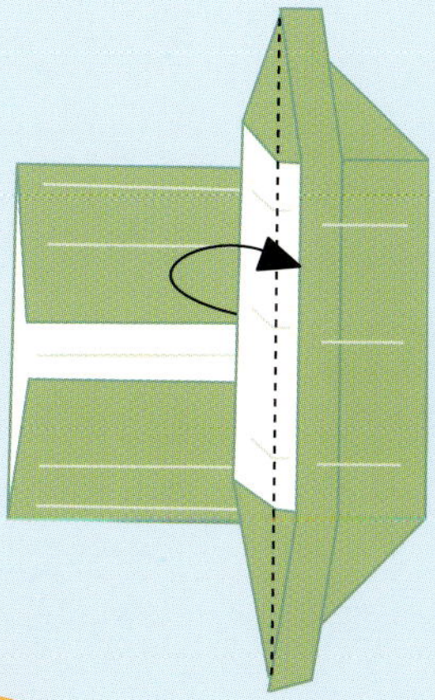

14 ... plier pour insérer à l'intérieur.

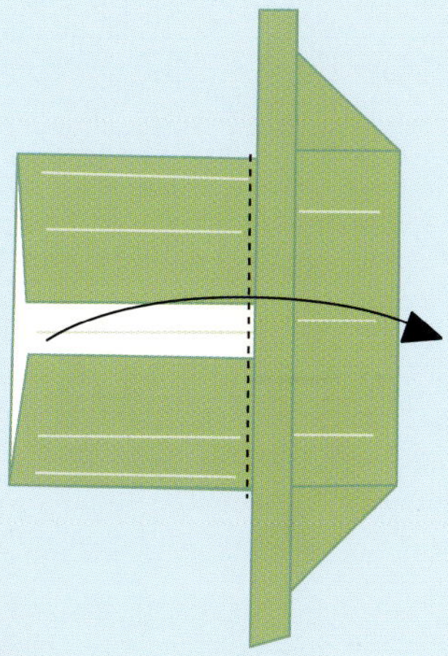

15 Plier en vallée.

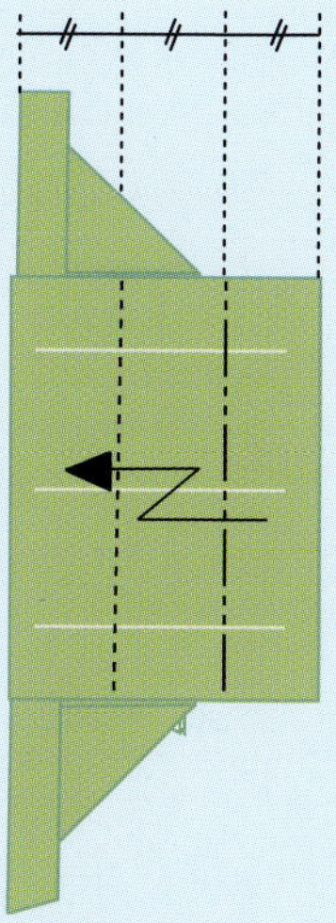

16 Effectuer un repli.

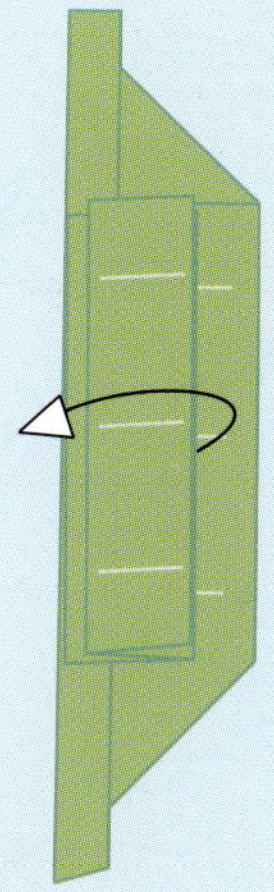

17 Déplier.

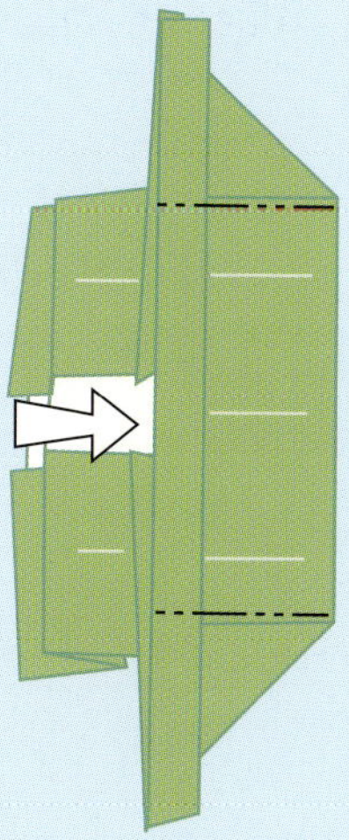

18 Ouvrir et mettre en volume.

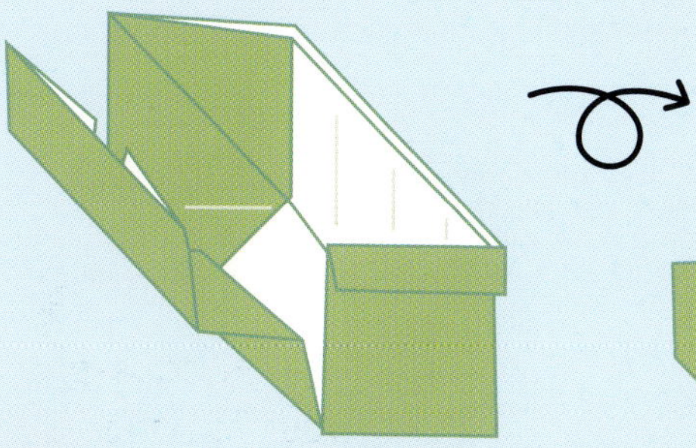

19 Retourner le modèle.

20 La pièce 2 est terminée.

Pièce 3

1 Commencer à l'étape 9 de la pièce 2.

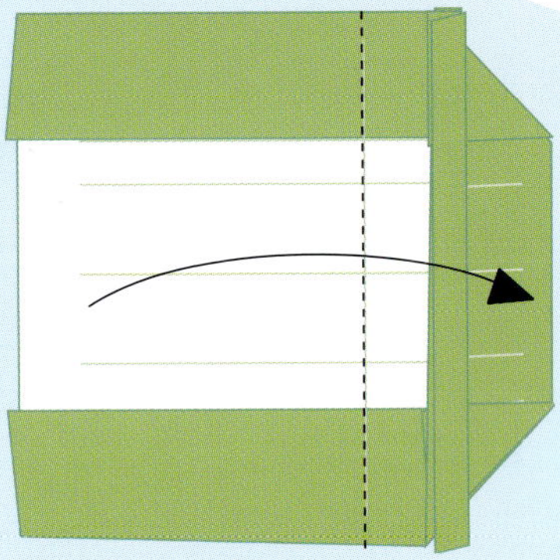

2 Plier en vallée.

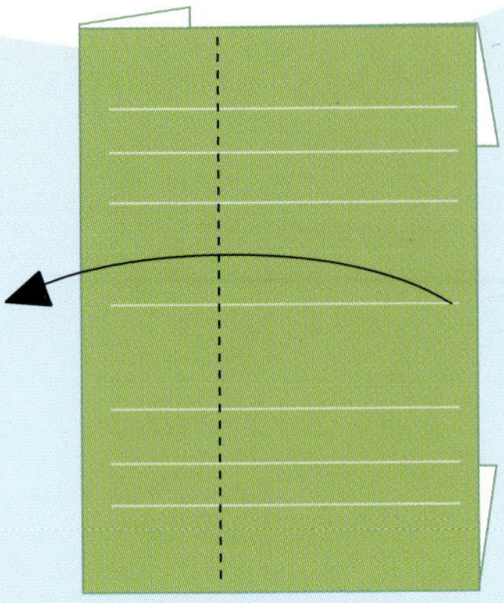

3 Plier en vallée.

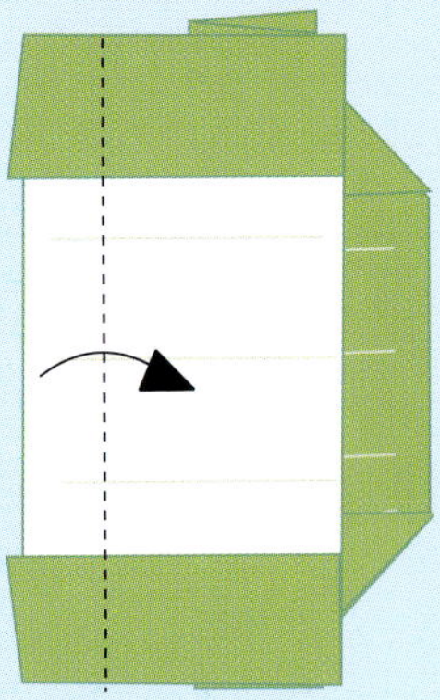

4 Plier en vallée.

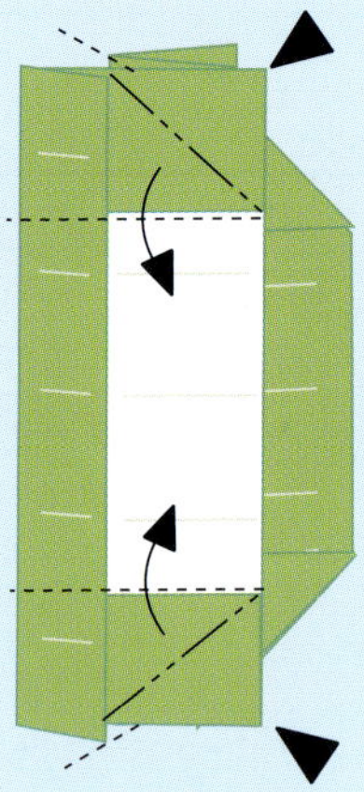

5 Plier et pousser pour amener vers le centre.

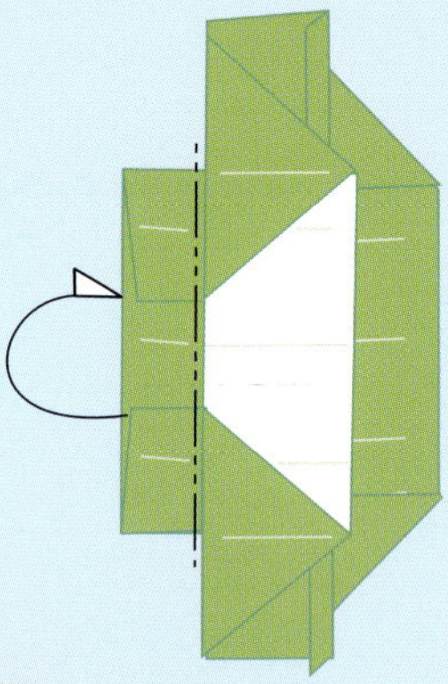

6 Plier en montagne.

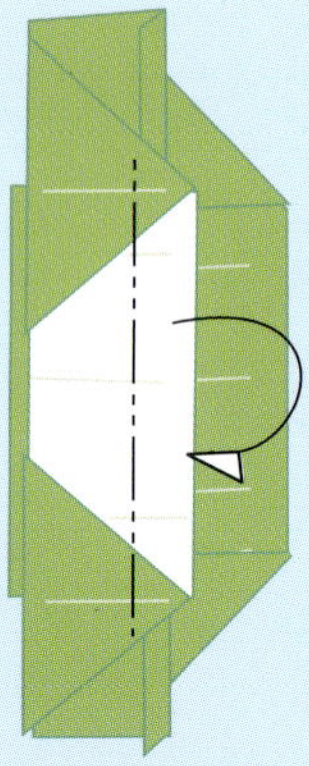

7 Plier en montagne.

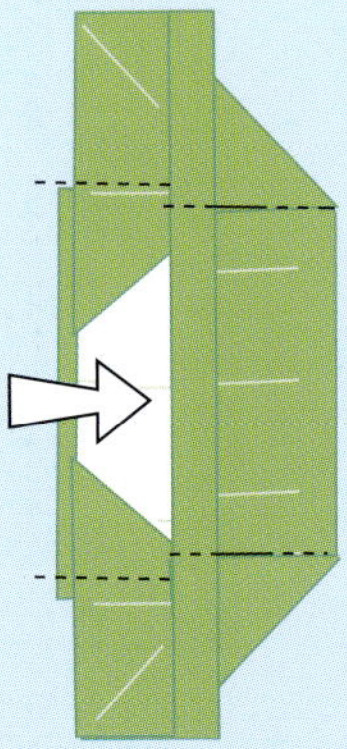

8 Ouvrir et mettre en volume.

9 Retourner le modèle.

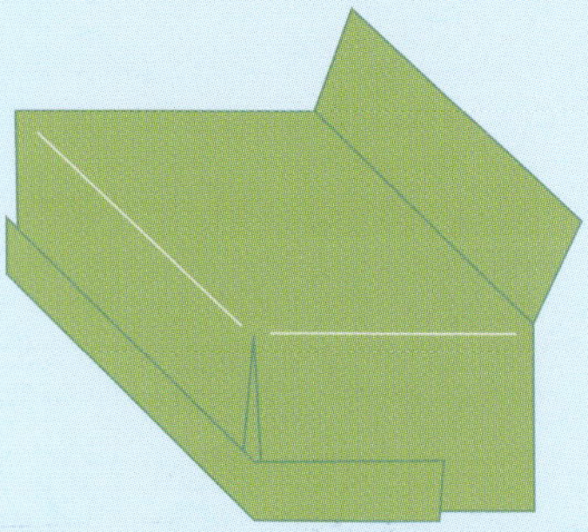

10 La pièce 3 est terminée.

Pièce 4

1 Commencer à l'étape 4 de la pièce 1 avec un papier noir.

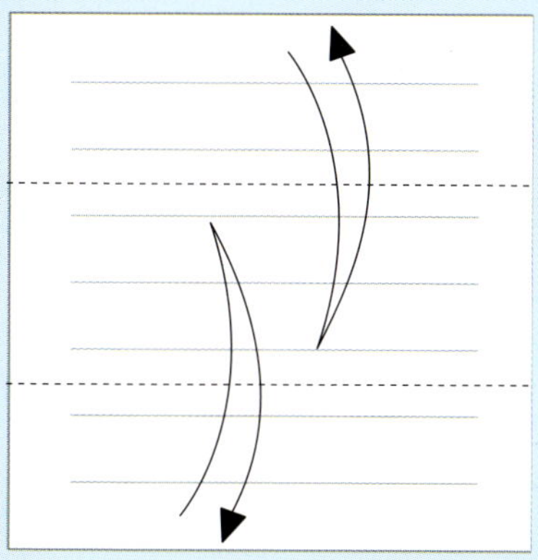

2 Marquer deux plis vallée.

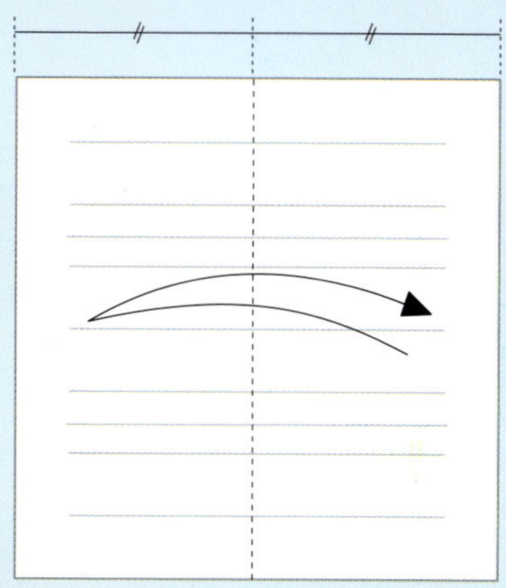

3 Marquer un pli vallée.

4 Découper et conserver la partie droite.

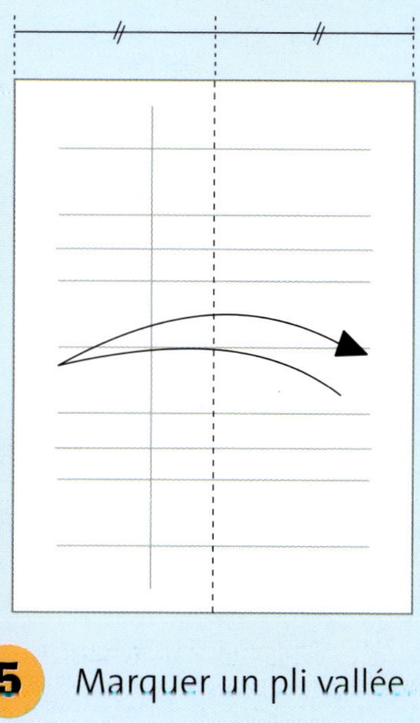

5 Marquer un pli vallée.

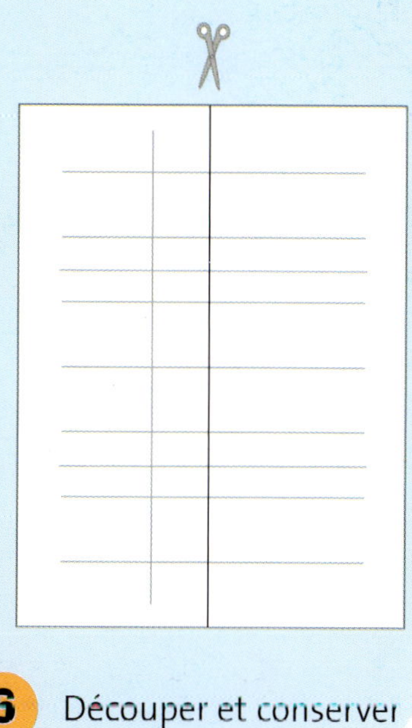

6 Découper et conserver la partie droite.

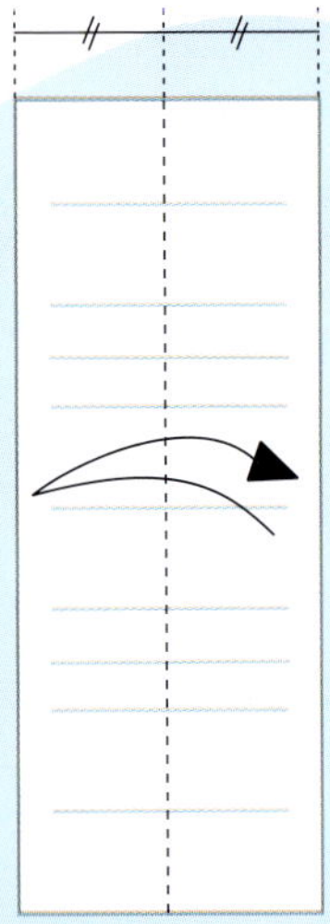

7 Marquer un pli vallée.

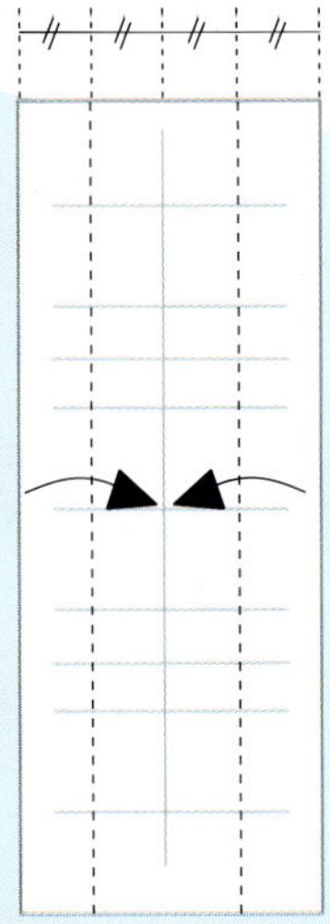

8 Plier en vallée.

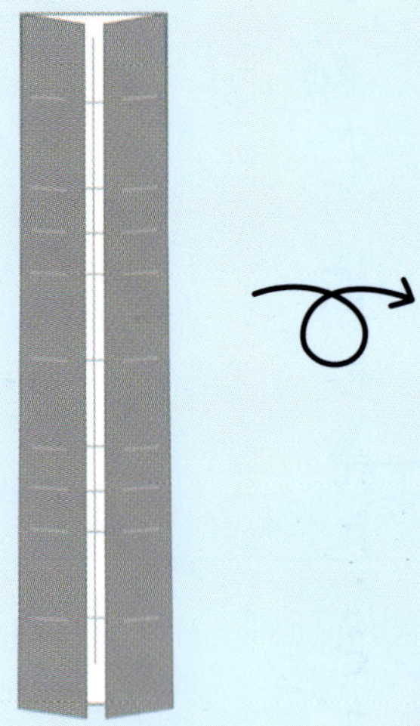

9 Retourner le modèle.

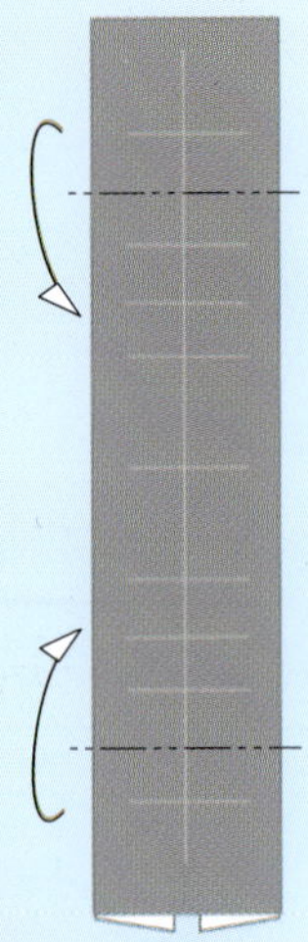

10 Plier en montagne.

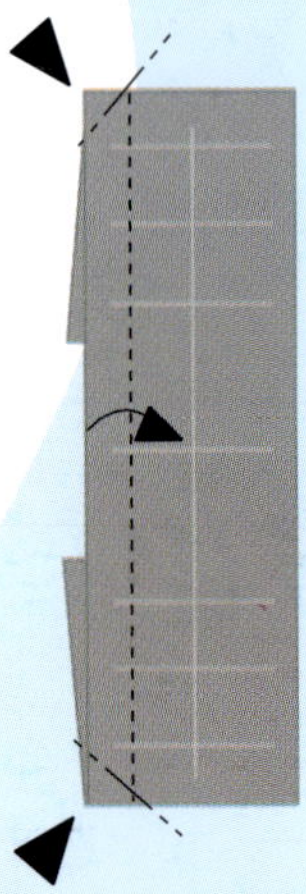

11 Plier et pousser pour amener au centre.

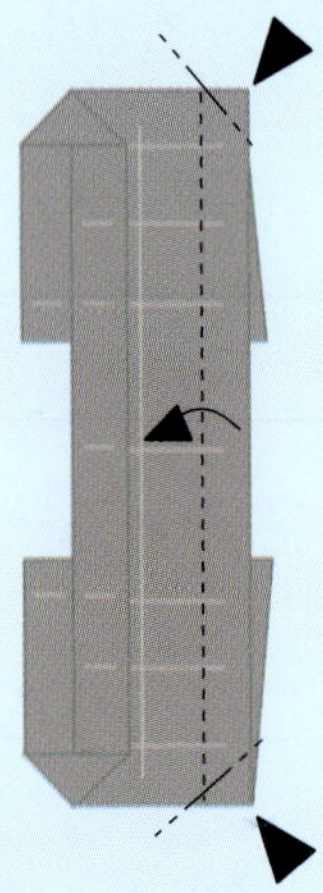

12 Répéter à droite.

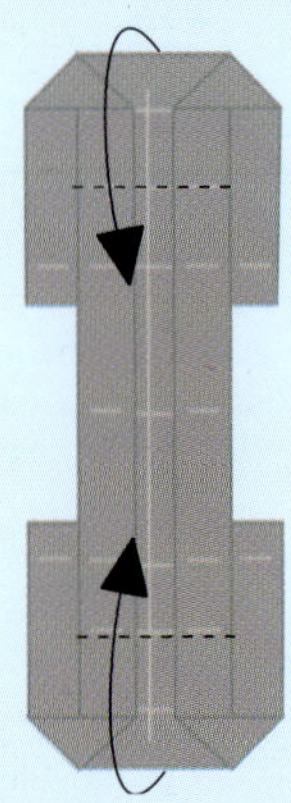

13 Plier à angle droit.

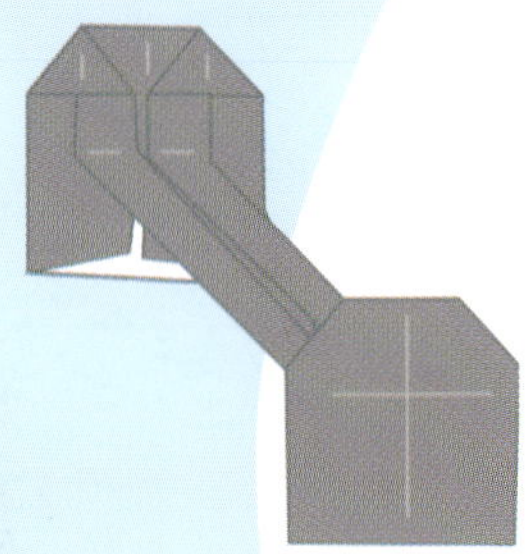

14 La pièce 4 est terminée. Réaliser une deuxième pièce 4.

Assemblage

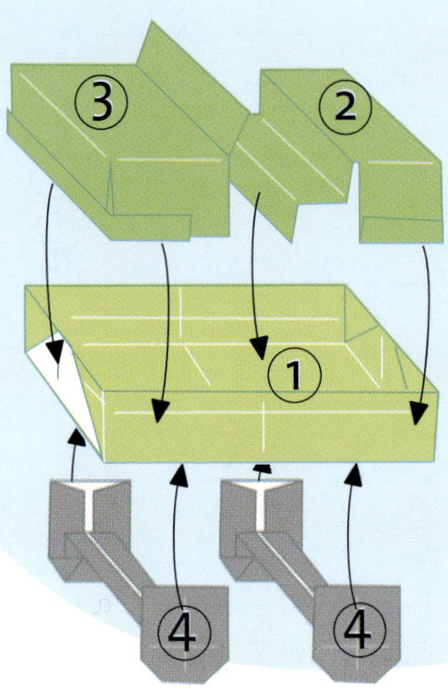

Insérer les pièces comme sur le schéma. La voiture est terminée.

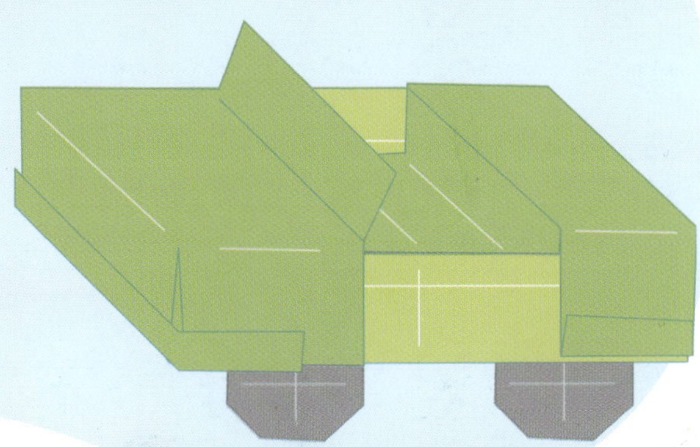